# 영혼과 전생이야기

안동민/편저

서음출판사

# 영혼과 영원에 대하여

안병욱에세이

범우사

## 차 례

### 제1부 살아있는 조상령들

수호령(守護靈) 이야기 —————————— 11
위암을 발생시킨 숙부의 원혼 ————————— 14
위장병을 앓는 형제 ——————————— 18
까닭 모르게 입안이 쓴 병 ————————— 20
유전의 위치를 가르쳐 준 아버지의 영혼 ————— 24
영혼이 윤회하는 법칙을 밝힌다 ———————— 28
카산도라 이야기 ———————————— 30
울산에서 온 사나이 ——————————— 34
화성 연쇄살인사건의 수수께끼 ———————— 38

### 제2부 마음은 업(業)을 짓는다

죄의식이란 어떻게 나타나는가? ———————— 45
풀리지 않는 수수께끼 —————————— 49
마음은 업을 짓는다 ——————————— 53
여섯번 어긋난 인연 ——————————— 56
마인족(馬人族)의 비밀 —————————— 59
남편을 타살한 이야기 —————————— 62
인과(因果)의 법칙 ——————————— 65
저승에서 온 회장님의 메시지 ———————— 67
전생에서의 약속 ———————————— 76
갓난애의 원한령 ———————————— 81
영능력자와 영각자 ——————————— 86

## 차 례

쫓기는 사나이 ──────────── 89
영혼의 호소 ───────────── 93
이상한 얼룩이 ──────────── 101
어느 선주의 재생 ─────────── 105
재생된 무학대사 이야기 ───────── 108
어째서 죽은 사람의 혼이 살아있는
사람에게 빙의되는가? ───────── 111
하나님은 정말로 존재하신다고 생각하는가? ── 113
사람은 다시 태어날 때 똑같은 개성을
갖게 되는가? ──────────── 116
사람은 죽으면 어떻게 되는가? ────── 118
사람이 재생하는 것은 사실인가? ───── 120
식물이나 동물에게도 영혼이 있는가? ─── 122
남자가 여자로 태어나거나 여자가 남자로
재생하는 경우도 있는가? ──────── 124
사람이 동물로 태어나거나 동물이
사람으로 될 수도 있는가? ─────── 126
인간의 혼이 여럿으로 갈라져서 다시
태어나는 경우도 있는가? ──────── 128
여러 사람의 혼이 집단으로 하나가 되어서
태어나는 경우도 있는가? ──────── 130
사람에게는 누구나 보호령, 배후령,
수호령이 있는가? ─────────── 132
많은 학자들이 멀지 않아 인류는 자원부족과
각종공해로 멸망할 것이라고 하는데…… ── 134

## 차 례

인간이 육체적, 심령적으로 진화될 수
있다고 보는가? ——————————— 136
이승과 저승은 어떻게 다른가? ——————— 138
현대의학에서 난치·불치병들을 완쾌시키지
못하는 이유는 무엇인가? ————————— 140

## 제3부 난치병과 영능자

어느 목사님의 이야기 ————————— 145
가도·다에꼬양 이야기 ————————— 154
목을 잘못친 사무라이 ————————— 157
잉태한 남자 이야기 —————————— 164

## 제4부 그대 비록 삼생의 인연이 있을지라도

삼생(三生)의 인연 —————————— 171
중년 남자의 사랑 —————————— 184
전생은 존재하는가? ————————— 196
후생(後生)에 대하여 ————————— 201
나타난 전생의 기록 ————————— 203
백내장이 벗겨진 이야기 ———————— 208
어느 가출 청년의 경우 ———————— 213

**차 례**

## 제5부 텔레파시의 세계

텔레파시의 원리와 그 응용 —— 219
상대방의 꿈속에 나타나다 —— 222
백일몽을 보다 —— 226
기억을 지우는 이야기 —— 231
택시를 부르다 —— 233
가출 소녀를 귀가시키다 —— 237
미국에 있는 사람을 불러 오다 —— 241

## 제6부 사람은 왜 병들게 되는가?

사람이 난치병이나 불치병을 앓게 되는
원인은 무엇인가? —— 247
심령적인 원인때문에 병들게 되는
경우도 있는가? —— 250
생활태도가 나빠서 병들게 되는 경우도 있는가? — 251
간장병은 왜 생기는가? —— 252
도벽은 왜 생기는가? —— 253
신장병은 왜 생기는가? —— 255
각종 암은 그 원인이 무엇인가? —— 258
당뇨병은 왜 생기는가? —— 260
고혈압은 왜 생기는가? —— 262
귓병은 왜 생기는가? —— 264
노이로제는 왜 생기는가? —— 265

## 차 례

결핵은 왜 생기는가? ——————————— 267
기관지천식은 왜 생기는가? ———————— 268
감기에 자주 걸리게 되는 원인은 무엇인가?—— 269
특별한 이유없이 임신 못하는 여자는 왜 그런가? 271
습관성 유산은 그 원인이 무엇인가? —————— 273
갑상선기능항진증은 왜 생기는가? ——————— 275
비만증은 왜 생기는가? ————————————— 276
야뇨증은 왜 생기는가? ————————————— 278
위장병은 왜 생기는가? ————————————— 280
신경통은 왜 생기는가? ————————————— 281
소아마비는 왜 생기는가? ———————————— 282
요통은 왜 생기는가? —————————————— 283
콧병은 왜 생기는가? —————————————— 284
눈병은 왜 생기는가? —————————————— 285

# 제 1 부
# 살아있는 조상령(祖上靈)들

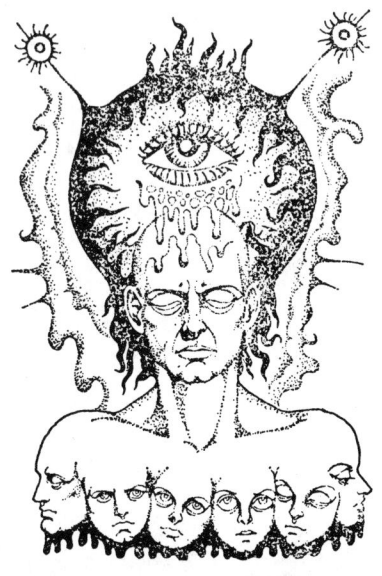

## 수호령(守護靈) 이야기

　우리나라 속담에 '잘 되면 제탓, 못되면 조상탓!' 이라는 말이 있다.
　과연 오래 전에 세상을 떠난 조상의 영혼이 우리 생활에 어떤 영향을 끼칠 수 있을까? 영혼의 존재를 믿지 않는 사람들은 아마 고개를 흔들기가 쉬울 것이다. 그러나 심령과학에서는 '분명히 조상의 영혼은 자손의 행복과 관계가 있다' 고 말하고 있다.
　사람에게는 누구나 수호령이 따르게 마련인데, 쉬운 예로 세상을 떠난 할아버지의 영혼이 생전에 사랑하던 손자의 신변을 보호할 수도 있다.
　나는 몇년전 우연한 기회에 이런 경우를 직접 체험한 일이 있다.
　N지업사에 나가는 김정배(金正培)씨는 얼마 전 과음으로 장파열을 일으켜서 생사(生死)의 고비를 헤맨 일이 있었다.
　그때 수술을 해 준 의사의 이야기로는 앞으로 더 살고 싶거든 금주를 해야 한다고 했으나 김씨는 그의 직업상 술을 끊기가 어려운 처지였다.
　그런데 이 사람이 구정 명절을 며칠 앞두고 갑자기 얼굴 반쪽이 마비가 되더니 입이 한쪽으로 돌아 갔다.
　덕분에 그는 그전 같으면 폭음을 면치 못하는 구정 고비를 술 한방울 입에 안댄채 무사히 넘길 수 있었다.
　며칠째 침을 맞았으나 이렇다 할 효과가 없었다. 마스크를 떼는 그의 얼굴을 본 순간, 나는 이상한 생각이 들었다.
　이때만 해도 나는 본격적으로 영사를 할줄 모르던 때였다.
　나는 일종의 방심상태에 들어가며 영감에 귀를 기울였다. 흡사 보이지 않는 세계에서 걸려 온 전화를 받는 기분이었다.
　폭음으로 인해 사랑하던 손자가 뜻하지 않은 참변을 당할 것을 막기 위하여 그의 조부의 영혼이 경락(經絡)의 일부를 막아서 4차원에너지의 흐름을 정지시킨 데서 발생한 병이라고 진단한 나는 그런 사실을 본인에게 알리고 돌아가신 조부님에게 감사하라고 일렀다.
　"이제는 정배군이 정신을 차렸으니 놓아 주셔도 됩니다. 제가 조부님의 뜻을 잘 전했으니까요."
　나는 소리를 내어서 정중하게 그의 조부님의 영혼에 양해를 구했다.
　"경락이 막혀서 4차원 에너지의 소통이 제대로 되지 않으면 그 부분의 정맥의 혈류(血流)가 흐르는 속도가 늦어집니다. 이렇게 되면 핏속에 섞인 노폐물이 혈관 주위에 침전 현상을 일으켜서 마침내는 그 부분의 모세혈관이 막히게 됩니다. 신경회로와 혈관에 이상이 생기면 영양소의 공급이 중단되고 그 부분에 마비가 오게 마련인데 이를 빨리 바로 잡지 않으면 완전마비가 되며, 곧 반신불수가 되는 원인이 됩니다."
　나는 김씨에게 이렇게 설명을 하고 곧 지압법과 손바닥 요법을 써서 우선 막힌 경락을 뚫어 주고 막힌 혈관 가운데 마비된 쪽 콧속에 있는 모세혈관에 자극을 주었다.
 얼굴은 중요한 신경이 모여 있는 곳이라 시술은 조심스럽게 이틀에 나누어서 했다.
 첫날에는 시술 뒤에 검은 코피가 약간 나왔고, 이틀째는 내 손바닥에서 나오는 열풍이 콧구멍으로 들어가자 마비되지 않은 쪽에는 아무 감각이 없고, 마비된 왼쪽 얼굴이 후끈후끈 달아오르더니 땀이 나올 지경이 되었다.
 찬물로 얼굴을 씻게 하자, 붉은 코피가 많이 흘러 나오더니 그 자리에서 비뚤어졌던 입이 정상 위치로 돌아 왔다.
 지압과 장풍(掌風)의 원리를 이용하여 이런 시술을 해보기는 그때가 처음이었기 때문에 혹시 선무당이 사람잡는 것이 되지 않을까 염려를 했었는데, 막상 좋은 결과를 얻으니 얼마나 다행인지 몰랐다.
 나는 이 자리를 빌어서 무엇보다도 시술에 협조해 주신 김씨 조부님의 영혼에 깊은 감사를 드리고 싶다.

# 위암을 발생시킨 숙부의 원혼

내가 10여년 전 도렴동에 있는 삼육빌딩에 사무실을 갖고 있을 때의 일이다.

일본에서 '생명실상(生命實相)'의 철학을 주장하는 다니구찌 마사하루의 뜻을 한국에도 펴보겠다고 노력하고 있다는 '광명의 집' 주인인 김현진씨라는 사람이 찾아왔다.

나는 그때만 해도 요즘과 같이 체질개선에 대한 원리를 완전하게 체계를 세우지 못하고 있었다.

여러가지 이야기를 주고 받은 끝에 김현진씨는 혹시 사람의 명함이나 또는 그 사람의 소지품만 보고도 무엇인가 알 수 있겠느냐고 질문을 해 왔다.

나는 '어디 실험을 해보십시다' 하고 가볍게 대답을 했다.

이때 그가 두 장의 명함(또는 이름만 적은 것이었는지 워낙 오래 전 일이라 기억이 확실치 않다)을 내 앞에 내놓았다.

이름을 보자마자 나에게는 어떤 영상이 떠올랐다.

"이분은 은행 직원같은데 앓고 있군요. 위암이 아닌가 싶습니다. 지금부터 3년 전에 부인이 계를 하다가 천만원 가량 없앤 일이 있는 것 같고, 그것을 숨겨 오다가 결국 남편에게 들키고 말았군요. 홧병이 원인이 되어서 처음에는 체한 것같이 앓던 것이 끝내 고질이 된 것 같습니다. 그리고 또 한 분은 하반신 마비환자 같습니다. 7, 8세때 아이들과 함께 놀다가 뱀을 죽인 일이 있거나 아니면 뱀을 죽이는 것을 보고 동정한 일이 있는 것 같습니다. 어쨌든 뱀의 영혼이 기생한 것만은 분명합니다."

내 말이 끝나자 그는 이렇게 말했다.

"처음에 이야기한 것은 맞습니다. 은행원에다가 위암을 앓고 있는 것은 틀림없습니다. 그러나 환자의 부인이 돈을 없앤 일이 있는지는 모르겠습니다. 그런데 두번째 경우도 하반신 마비인 것은 맞았는데 뱀을 죽였다는 것은 잘 납득이 가지 않습니다. 여자가 뱀을 죽였을 까닭이 없으니까요."

"아니 그러니까 누가 뱀을 죽였다고 잘라 말했습니까? 죽였거나 아니면 뱀을 죽이는 것을 보고 동정했거나 하기 쉬었으리라고 하지 않았습니까. 본인에게 한 번 물어보십시오."

그는 돌아갔고, 다음날인가 며칠 뒤엔가 다시 나를 찾아왔다.

"그래 확인해 보셨습니까?

하는 나의 질문에 그는 미소를 띄면서,

"맞았습니다. 동네 아이들이 뱀을 죽이는 현장에서 구경을 하면서 동정을 했다는군요. 사실은 제 아내올시다."

하고 이야기를 했다.

"오늘 좀 시간을 내 주셔야겠습니다. 위암 환자를 가서 좀 보아 주셔야겠어요."

나는 체질개선 원리의 체계를 세우던 중이고, 한 명이라도 더 많은 임상경험을 갖기를 원하던 때라 두말 할 필요도 없이 그를 따라 나섰다.

우리는 삼양동 근처에 있는 위암 환자의 집을 찾아 갔다. 환자는 피골이 상접한 모습으로 누워 있었다.

얼굴에는 이미 황달 기운이 있었고, 신음소리를 내면서 몸도 가누기 어려운 것이 이미 암환자로서는 말기 증상으로 보였다.

도저히 가망이 있는 것 같지 않았다. 그렇다고 여기까지 왔다가 그냥 돌아설 수도 없는 일이었다.

환자 옆의 부인이 시중을 들고 있기에 물어 보았다.

"남편의 숙부님들 가운데 절손한 집안이 있습니까?"

"네, 있습니다만……."

하고 부인이 의아한 눈초리로 나를 보았다.

"그 분이 바깥 양반과 같은 병을 앓지 않았습니까?"

부인이 고개만 끄덕였다.

"바깥 양반을 양자로 삼고 싶어하지 않았습니까?"

"아니 저희 집 양반 동생이 그 댁 가통을 이었는데요."

"아닙니다. 그 분은 임종하는 자리에서도 양자 문제가 자기 뜻대로 되지 않았다고 상당히 불평을 하신 것 같은데요."

그러자 환자가 입을 열었다.

"아니요, 선생님 말씀이 옳아요. 작은 아버지께서는 나를 양자로 삼고 싶어 하셨어요."

나는 부인을 보고 한마디 했다.

"전생에서는 댁의 남편이 그분의 아드님이었습니다. 그것도 집을 버리고 나간 아드님이었지요. 그래서 본인이 굳이 양자삼기를 원한 것입니다. 그리고 지금 작은 아버지의 영혼이 빙의되어 있는게 분명합니다."

나는 제령을 하기는 하겠으나 생명을 건지기에는 너무 늦었다는 이야기를 부인에게 들려 주었다.

　다만 깨닫지 못한 영혼이 되어 이런 불행이 집안에 계속되는 일만은 없으리라고 말했다.

　그 얼마 뒤에 그가 사무실에 왔기에 환자의 안부를 물었더니 운명했노라고 했다.

　원한을 가진 숙부의 영혼이 데려 간 것이 분명했다.

　이것은 조상령들이 실제로 살아 있다는 좋은 예가 아닌가 싶다.

## 위장병을 앓는 형제

이것 역시 내가 광화문 근처에서 연구원을 내고 있었을 때의 일이다.

하루는 한 젊은이가 나를 찾아와서 호소를 했다. 아무리 약을 써도 차도가 없는 위장병을 앓고 있는데, 그 원인이 무엇인지 알았으면 좋겠다는 이야기였다.

"더 악화되지도 호전되지도 않고 항상 그 모양이거든요."

"아버님이 살아 계십니까?"

"아아뇨, 돌아가셨습니다."

"아버님은 생전에 제사지내는 것을 옳다고 생각하셨나요?"

"네."

"선생은 기독교 교인이시군요. 제사 안지내죠?"

"네, 안지냅니다."

"집안 형제들 가운데 선생같은 환자가 또 있지요?"

"네, 저의 형님이 저와 똑같은 병을 앓고 계십니다. 아버님이 돌아가신 지 1년 뒤에 걸리셨죠. 그러다가 다음 해에 저까지 앓게 되었습니다. 원인이 무엇일까요. 병원에서는 아무 이상이 없다고 하는데 소화가 여전히 안된단 말씀입니다."

"혹시 오늘이 아버님 제삿날이 아닙니까."

젊은이는 한동안 생각에 잠겨 있더니 맞다고 하면서 몹시 신기해 했다.

"교인이라고 해서 부모의 제삿날에 추념제 같은 것을 지내면 안된다는 법이 있습니까? 선생도 부모의 몸을 빌어서 이 세상에 나온 것이지 공중에서 떨어졌거나 나무가지 사이에서 태어난 것은 아니지 않습니까? 살아 있는 자식들은 하루 세번씩 꼭 식사를 하고 한끼라도 걸르면 큰일나는 줄 알면서 1년에 한 번 상차려 드리는 것을 못한대서야 말이나 됩니까? 찬물 한 그릇에 밥 한그릇이라도 좋으니까 당장 돌아가서 간단하게라도 제사를 지내드리도록 하세요. 돌아가신 분의 소원을 들어드리세요. 그러면 모르긴 해도 두 형제분의 원인모를 위장병은 깨끗이 치유될 것입니다."

나는 이렇게 타일러서 돌려 보냈다.

그 뒤 그 젊은이는 다시 우리 연구원을 찾아오지 않았는데, 위장병이 치유되었는지 여부는 확인하지 못했지만 아마 틀림없이 제사를 지내게 되었으리라 믿는다.

## 까닭 모르게 입 안이 쓴 병

김여사는 병원에서 혈액주사를 잘못 맞은 후, 혈청간염(血淸肝炎)이라는 병에 걸려 고생하다가 나에게서 체질개선 시술을 받고 완쾌되었다.
김여사가 하루는 점잖게 생긴 풍채가 좋고 초로(初老)에 접어든 부인을 모시고 왔다.
아주 이상한 병이었다. 무엇이고 음식이 들어가기만 하면 입 안이 쓰고 아린 괴상한 병을 앓고 있는 부인이었다.
"그래서 종합검사도 여러 번 받아 보았습니다만 병원에서는 아무런 이상이 없다는 것이었어요. 따라서 약도 주지 않더군요."
"그래 언제부터 앓게 되었습니까?"
"한 3년 가량 되는 것 같습니다."
이것은 틀림없이 빙의령이 아니면 영장(靈障)에 의한 질병이라는 생각이 들었다.
나는 말없이 영사를 했다.
"친정 아버님은 돌아가셨나요?"
"그러믄요."
"제사 지내시나요?"

부인은 어찌된 영문인지 얼굴만 붉힐 뿐 아무런 대답을 하지 못했다.

"친정에 손이 끊어졌군요, 따님만 두분인 것 같은데요."
하니까 부인은 체념한듯 이야기를 꺼냈다.

"김여사의 말로는 선생님은 보시기만 하면 아신다고 했는데 역시 그 말이 사실이었군요. 기왕에 집어 내신 것이니까 사실대로 말씀드리죠. 저희는 언니와 저만 있을 뿐 남자 형제가 없습니다. 그래서 아버님이 돌아가신 뒤로는 제가 제사를 지냈었는데 도중에 생활이 구차해져서 제사지내는 것을 그만 두었습니다. 제가 그만 둔 것 뿐만 아니라 언니한테도 지낼 필요가 없다고 말했지요. 그 후에 오래 되다보니 두 사람은 다같이 언제가 제삿날이었는지 기억에서 없어져 버렸지요. 그런 뒤부터 이런 병이 생긴 것이 확실합니다. 하지만 아버님 제사 안 지내는 것과 제 병과 무슨 관계가 있지요?"

"딱하기도 하십니다. 아버님께서는 부인을 아들같이 기르셨지요."

"그 말씀도 맞습니다. 선생님은 참 용하십니다. 그러고 보니 그런 일이 있은 뒤로 저의 집에서 하는 일이 잘 되는 것이 없었습니다."

"이것 보십시오. 사람은 죽었다고 아주 없어지는게 아닙니다. 영혼은 저승에서 엄연히 살아 있습니다. 저승에 있던 영혼이 1년에 한번 말미를 얻어서 자기 가족을 찾아오는 날이 바로 제삿날입니다. 부인은 하루 세끼 맛있게 식사를 하고, 돌아가신 아버님 제사는 안 지내고 언니까지도 말렸다니 아버님의 영혼이 노여워 하시지 않았겠나 생각해 보십시오. 밥 한 그릇, 물 한

그릇도 좋으니까 제사를 지내 드리세요. 아니 어쩌면 내년이면 아버님은 다시 재생을 해서 이 세상에 태어날지도 모르겠으니 아무 날이고 정해서 한번만이라도 좋으니까 제사를 올려 드리세요. 고인이 불교신자였다면 절에서 제를 올려 드리면 더욱 좋겠구요."
"알았습니다. 가족들과 의논해서 그렇게 하도록 하겠습니다."
"그럼 부인께서는 제 이야기를 받아들이시는 거죠?"
"네."
"자아 그럼 이 물 한잔 들어보십시오."
나는 옴 진동수를 만들어서 한잔 권했다. 물을 마시더니 부인은,
"정말 목이 시원합니다. 전혀 입안이 쓰지 않은데요."
하면서 여러 잔을 거푸 마셨다. 그러나 다음 날 나를 찾아 온 부인의 생각이 달라져 있었다.
"가족들이 반대해서 안되겠어요. 그만두었던 제사를 다시 지낸다는데 대해서 모두가 반대를 해요. 딸이 제사를 지내면 집안이 안된다는군요."
"그야 아들이 있는데 딸이 잘 산다고 제사지내든가 하는 일은 옳지 않지만 부인의 경우는 다르지 않습니까. 자아 그럼 이 물을 마셔 보세요."
부인은 내가 권하는 옴 진동수를 마시더니 얼굴을 찡그렸다. 입 안이 온통 쓰다는 것이었다.
"어떻게 하시겠어요. 영혼의 힘이 어떻다는 것을 아직도 못 믿으시겠어요."
"알았습니다. 어떻게든 식구들을 설득해서 제사를 모시도록

하겠습니다."
 내가 다시 물을 권하니 이번에는 달다고 했다.
 결국 이 부인은 이런 행동을 수없이 되풀이 한 끝에 제사를 지내고 말았다고 한다.
 그뒤 본인이 찾아오지도 않고, 소개한 김여사도 아무런 이야기가 없는 것을 보면 그 괴상한 병에서 해방이 된 것이 아닌가 생각된다.

## 유전의 위치를 가르쳐 준 아버지의 영혼

한국에서 석유가 나올 수 있을까? 만일 나온다면 국가적으로 보아 굉장한 경사가 아닐 수 없었다.

나의 영감에 의하면 한국에도 석유가 나올 가능성이 있다고 생각된다.

그런데 지난 1월 30일 저녁 독자 한 사람이 전화를 걸어 왔다.

전화를 걸어온 사람은 지난 4월 24일 새벽에 아주 희한한 심령현상을 경험했다고 말했다.

전화로 대충 이야기를 들어보니 돌아가신 아버지의 얼굴 모습이 새벽 5시 무렵에 옷장에 고양이같은 인상을 주는 모습으로 나타나서 매우 이상스러운 이야기를 했다고 한다.

전화로는 길게 이야기를 할 수 없는 일이고, 이 원고의 마감을 하루 앞둔 터이라 나는 그와 약속을 하고 외부에서 만나기로 했다.

만나서 그에게서 들은 이야기를 기록하면 다음과 같다.

그 사람은 양복점을 경영하고 있었다고 한다.

천안에 사는 어느 목사가 교회를 지으려고 9백만원에 계약을 한 지 15일째 되는 날이었다고 한다.

밤 2시까지 일을 하고 늦게 잠든 그는 새벽 5시 경에 이상한 느낌이 들어서 잠에서 깼다고 한다.

그러자 방안에 놓여 있는 장 위에 목 윗부분만 아버지의 얼굴 모습이 선명하게 비치더니, 분명한 아버지의 목소리로,

"얘, 빨리 일어나서 거울을 봐라!"

하고 호령을 하더라는 것이었다.

그는 시키는 대로 벌떡 일어나 거울을 보니 자기의 몸이 아주 비대해진 모습으로 비치더라는 것이었다(그는 그때도 지금처럼 여윈 몸매였다고 한다).

"앞으로 너는 큰 회사의 사장이 될 수도 있지만 지금처럼 그대로는 죄가 너무 많다. 강도질 살인보다도 더 무서운 죄는 자기 아내아닌 남의 여자를 범하는 죄다. 나는 죽어서 태양신의 권속이 되었거니와 여자를 함부로 범한 자가 죽어서 받는 고통을 보여 주리라. 그전에 다시는 그런 짓을 하지 않겠다는 것을 혈서를 써서 맹세해라!"

너무나도 추상 같은 명령이라, 그는 없는 죄가 있는 것만 같이 느껴져서 사방을 두리번거리고 찾았으나 종이가 눈에 띄지 않아서 이 서랍 저 서랍을 뒤지다가 마침 눈에 띈 호적등본을 떼온 것 뒤에다가 손가락을 깨물어서 피를 내어 '금녀(禁女)'라고 썼다고 한다. 그때 그는 이루 형용할 수 없는 고통을 경험했다고 한다.

여자를 희롱한 죄때문에 죽어서 그런 고통을 받아야 한다면 절대로 그런 짓은 할 수 없다고 그는 깊이 깨달았다는 것이다.

아버지의 영혼은 계속해서 이야기를 했다.

"우리나라에도 석유가 무진장 매장되어 있는 곳이 있다. 내가

그 곳이 어딘지 너에게 보여 주리라."
 그러자 태양과 같이 눈부신 빛이 땅 속에 비치는데 그 곳은 기름 바다를 이루고 있더라는 것이었다.
 꿈이나 환상이라고 하기에는 너무나도 생생한 경험이었다고 한다.
 "내 일러두거니와 일본 놈들도 이곳에 기름이 매장되어 있는 것을 알고 있다. 그리고 내 말이 헛된 것이 아님을 밝히기 위하여 두 가지 사실을 알려 주겠다. 네가 살고 있는 이 집은 옛날에 절터였고, 또 너는 김유신 장군의 후예이니라."
 이 말과 함께 아버지의 모습은 자취도 없이 사라지고 그는 의식을 잃고 말았다고 한다.
 그는 그 뒤 여러 날 뒤에 의식을 되찾았는데 정신을 차려보니 정신병원에 입원하고 있더라고 했다.
 그 후 병원에서 퇴원한 뒤 그는 여러가지로 알아 본 결과, 자기가 살던 집이 절터라는 것을 확인했고, 자기의 본이 경주 김씨인데 증조부의 호적을 떼어 보니 그곳에는 김해 김씨로 되어 있더라는 것이었다.
 그는 시현(示現)으로 나타난 곳도 답사를 해보았는데 관계 당국자들에게 알아보니 그곳은 이미 일제시대에 답사가 끝난 곳이라 조사 대상에도 오르지 않은 곳이라고 상대도 하지 않더라는 이야기였다.
 그는 청와대에도 편지를 내고 그 밖에도 온갖 노력을 다했으나 모두가 미친놈의 잠꼬대로만 취급당했다고 했다.
 나는 그가 경험한 이야기를 그대로 세상에 알려 줄 것을 약속하고 헤어졌지만, 이것이 과연 그의 아버지의 영혼이 보여 준 심령현상인지 아니면 가난하게 사는 한 양복 재단사의 평소의 욕구불만이 빚어 낸 과대망상인지는 좀처럼 가리기 어려운 문제라고 생각되었다.
　만일 어느 독지가가 나타나서 그를 도와 그 환상을 현실로 이룩해 놓는다면 김씨 개인은 물론이오, 우리나라를 위해서 이보다 더한 경사가 없다고 생각되기에 이글을 애써 여기에 수록한 것이다.

## 영혼이 윤회하는 법칙을 밝힌다

　우리들은 흔히 영혼이라는 말을 쓰는데 영(靈)과 혼(魂)은 다르다는 것을 우선 밝혀두고자 한다.
　영은 영계(靈界)에 있는 독립된 존재이고, 살아있는 인간의 몸에 깃들어 있는 것은 사혼(思魂)·언혼(言魂)·황혼(荒魂 : 생명력의 원천)의 삼혼(三魂)과 일곱가지 내분비기관을 지배하고 있는 칠백(七魄)이다.
　또 다시 영이란, 사진에 있어서의 원판(原版) 필름과 같은 것이고, 삼혼칠백(三魂七魄)이란 필름을 갖고 현상한 사진과 같은 관계라고 생각하면 좋을 것 같다.
　여기 영사기에 필름을 넣고 영사를 한다. 벽에는 화면이 비친다. 그러나 벽에 비친 화면은 하나의 허상(虛像)일 뿐, 영사기가 작동을 멈추면 화면은 사라지게 된다.
　한편 원판 필름을 갖고 우리들은 몇장이고 사진을 만들 수가 있고, 원판을 수정해서 복사를 하면 전혀 다른 사진이 만들어질 수도 있다.
　이와 마찬가지로 영은 영계에서 복사를 해서 삼혼칠백을 만들어 이승에 보내면 하나의 육체 인간이 탄생한다.

그 뒤 수십년이 지난 뒤 또 다시 영을 복사해서 이승으로 보내면 같은 영의 성질을 지닌 또 다른 인간이 태어나게 된다.

그들은 용모도 같고 성격이나 체질도 같지만 서로 만나는 일도 없고 또 설사 만난다고 하더라도 같은 영에서 복사된 존재임을 알수는 없다.

그들은 서로 다른 체험을 하지만, 죽게 되면 그 혼들은 원래의 원판인 영에게 흡수가 된다. 이때 그들이 경험한 일들의 기억은 영에게 흡수되어 다시 혼을 내보낸다.

이런 모양으로 인간은 거듭 태어나게 되는데 이것을 나는 복합령(複合靈)이라고 이름붙였다. 정확하게 말하자면 복합혼(複合魂)이라고 부르는게 타당하리라 생각된다.

나는 여러 번에 걸쳐서 내 자신의 동일한 영에서 복사되어 환생한 사람들을 만난 일이 있는데 그들은 어린이도 있었고, 젊은이도 있었고, 또는 나보다 나이가 많은 사람의 경우도 있었다.

## 카산도라 이야기

흔히 택시 기사들이 아침 개시에 재수없는 손님을 만나면 하루종일 징크스가 있다고 한다.

내 경우도 예외는 아니어서 대충 첫 개시하는 상담자가 부부 갈등이면 그날은 같은 종류의 손님들이 연달아 찾아오기 마련이다.

암과 같은 중환자의 상담이 시작되면 그날은 진종일 중환자들 또는 그 가족들이 찾아오게 된다.

김진호(가명)선생은 벌써 우리 연구원에 회원이 된 지 5년이 넘는 고등학교 여선생이다.

처음에 찾아왔을 때는 폐를 앓고 있었고, 대학은 졸업했으나 일자리가 없는 입장이었다.

'옴 진동수'를 장기 복용하고 결핵도 완치되었고, 시내 어느 고등학교에 영어 선생으로 취직도 되었다. 이만하면 내 임무는 끝났으려니 했는데 그렇지가 않았다.

이번에는 노처녀 신세를 면하게 해달라는 부탁이었고, 아무리 '옴 진동수'를 마셔도 몸이 완전한 건강을 찾지 못한다고 불평이 대단했다.

나는 그를 보면 악몽을 꾸는 듯한 기분에 사로잡히곤 했다. 여러 번에 걸쳐서 제령(除靈)도 해 보았고, 조상천도까지도 했는데 그때만 반짝일 뿐, 결정적으로 좋아지지가 않는 것이었다.

그때 그때 체질개선을 해줄 뿐, 나도 이제는 대책이 서지를 않았다. 정말 딱한 일이 아닐 수 없었다.

여지껏 나는 내 책에서 주로 성공한 사례만을 골라서 적었다. 그러나 이번에는 잘 안되는 경우를 이야기하려는 것이다.

김진호 선생에게 최근 사모하는 노총각 선생이 생겼다. 나이는 김선생보다 두어 살 아래인데, 각종 상황이 어떤지 또 청혼한 여자가 있는지 없는지 전혀 그녀는 알지 못하고 있었다.

평소에 이 노총각 선생은 자주 김선생에게 농담을 하곤 했던 모양이었다.

김선생이 그가 자기를 좋아한다고 생각하게 되었고, 그때부터 그녀도 총각선생을 좋아하게 된 모양이었다.

설흔이 넘은 노처녀로서 너무도 구름잡는 이야기였다.

한번 적극적으로 의사 표명을 해 보라고 해도 그녀는 막무가내였다.

나는 그 선생과 정 결혼하고 싶거든 그를 잘 아는 제3자에게 부탁해 보라고 했다. 그래야 망신을 면할 수 있다고 생각했기 때문이다. 그래서 김선생은 교감 선생에게 정식으로 중매를 부탁했는데 영 소식이 없노라고 했다.

매번 찾아 올 때마다 나에게 자기 일을 성사되게 해달라고 성화였다. 나는 고문을 당하는 느낌을 갖지 않을 수 없었다. 남녀간의 일이란 전생(前生)에서 부터의 인연이 있어야 맺어진다는 것이 나의 지론인데, 그 남선생과는 전생에서 남매였었다는 것을 알 수 있을뿐, 구체적으로 어떤 사람들이었는지 전혀 알 수가 없었다.

나는 아직 때가 오지 않은 것이려니 했다. 그러다가 며칠 전 일이었다. 그녀를 만난 순간, 갑자기 그녀를 구성하는 복합령 가운데 카산도라가 있음을 알게 되었다.

카산도라는 트로이 성주의 딸로서 눈 먼 소녀 예언자였다. 오빠인 파리스가 스파르타의 왕비였던 헤렌을 데려왔을 때, 그녀를 받아들이면 안된다고 맹렬하게 반대를 했고, 희랍군이 거대한 목마(木馬)를 성 밖에 남겨 놓고 떠났을 때, 그 목마를 성 안으로 끌고 들어오는 것을 반대했던 소녀가 바로 카산도라였다.

그런데 이상한 일이었다. 이때 주변에 있는 손님들을 보니 파리스도 있었고, 헤렌도 있었고, 트로이 성주도 있었고, 아키레스도 있었다. 그리고 그때 나 자신이 유리씨즈였음도 알 수가 있었고, 우리 사무실에서 일하고 있는 아가씨가 페네로페였음도 한 눈에 알 수가 있었다.

파리스 왕자였던 사람은 목에 이상한 통증을 느끼고 있었는데 여지껏 여러가지 치료를 받았으나 영 효과가 없었는데 이는 바로 유리씨즈가 등에 맨 장검으로 목을 내려쳤던 것이 유체(幽體)에 상처를 입혔기 때문임을 알 수가 있었다.

나는 그를 제령했고, 목을 어루만지며 유체 치료를 했더니 그 자리에서 통증이 사라졌노라고 했다.

김선생이 사모하는 남자 선생은 역시 오빠였던 파리스 왕자의 분령을 갖고 있음이 밝혀졌다. 또한 트로이 사람들은 안타레스 태양계에서 지구에 이민온 사람들이었음도 밝혀졌다.

나는 김선생을 그 자리에서 제령을 시켰다. 트로이 함락때 죽은 많은 영혼들이 빙의되어 있었던 것을 이탈시켜서 고향인 안타레스 태양계로 전송한 것이었다.

그러자 그녀의 얼굴은 눈부시도록 환하게 변했다.

이로써 유리씨즈의 업장도 소멸된 것이 아닌가 생각된다.

## 울산에서 온 사나이

　몇달 전 일이었다.
　울산에서 어떤 부인이 나를 찾아왔다. 남편이 간염에 걸려서 서울대학병원에 입원했는데 병원에 가서 시술을 해줄 수 없겠느냐고 했다.
　나는 의사도 아니고, 또 회원도 아닌 '옴 진동수'도 안마신 환자를 직접 손댈 수는 없노라고 이야기하는 수 밖에 없었다. 우선 준회원이 되어서 '옴 진동수'를 복용시켜 보라고 했다.
　부인은 몹시 서운해 하는 눈치였지만 나로서는 어쩔 수 없는 일이었다.
　결국 이들은 옴 진동수 가족이 되었고, 얼마 뒤 남편은 퇴원했다. 그리고 나에게 와서 직접 체질개선 시술도 받았고, 또 제령도 했다. 그런데 남편이 이런 이야기를 했다.
　자기는 경주에 2500평 정도의 과수원을 갖고 있는데 그곳에서 나오는 지하수(地下水)가 좋으니, 내가 원한다면 '옴 진동수' 공장부지로 희사할 용의가 있노라고 했다. 나는 웃으면서 대답했다.
　"모두들 몸이 아플 때는 완쾌하고 싶은 욕심에서 별 이야기를 다하지만 나중에 병이 완쾌되고 나면 그런 말을 하게 된 것을 후회하는 법입니다. 뜻은 고마우나 나는 안 들은 것으로 할 테니 나중에 완전히 건강해진 뒤에도 그 마음이 변치 않거든 다시 이야기하도록 합시다."

나는 전에도 환자로 부터 이와 비슷한 제의를 몇번 받은 적이 있으나 모두가 불발탄에 그쳤을 뿐더러, 그 중 한사람한테는 백만원까지 사기당한 일도 있었다.

20여년을 많은 사람들을 위해 봉사해 왔지만, 나를 돕겠다는 독지가는 단 한 사람도 만나 본 일이 없었다. 그래서 나는 때로는 한탄을 하곤 했었다.

내가 전생에 얼마나 죄를 많이 졌으면 이다지도 인덕이 없는가 하고, 결국 내가 하는 일은 봉사가 아니고, 나의 지난날의 지은 죄를 업장소멸하고 있음이 아니더냐고 자문자답했다.

이 세상에는 돈많은 사람도 많건만 그 어느 누구도 '옴 진동수' 공장을 세우는 기금을 내겠다는 사람이 없으니 어지간이 나는 인덕이 없다고 자탄할 수 밖에 없었다.

그런데 이 환자는 그 뒤에도 한결 같았다. 옴 진동수 공장 부지로 필요하다면 기꺼이 내어 놓겠다는 제의였다. 하지만 나는 그의 말이 실행되리라고는 믿지 않았다.

그러다가 기회가 있어서 아내와 처남과 더불어 경주에 내려가서 현지 답사를 하게 되었다.

현지에 가보니 과수원은 넓은 논 밭에 둘러싸인 분지에 위치하고 있었고, 지하에는 15미터 두께의 암반이 있고, 그 밑에는 거대한 지하호수(地下湖水)가 있다는 느낌이 들었다. 그리고 그런 지하호수는 전국에 13개가 있는데 서로 연결이 되어 있으며,

그 드러난 것이 백두산의 천지(天地)임도 알 수가 있었다.

한국을 사람의 몸에 비한다면 경혈에 해당되는 곳에 13개의 거대한 지하호수가 있다는 것이고, 이 과수원은 봉황새의 둥지에 해당되는 곳이며, 13개의 알을 품고 있으니, 이곳이 개발되어 물공장이 된다면 새끼 공장이 열두곳이 생기리라는 예감이 들었다.

그러자 그 사람은 자기가 보아 둔 집터가 있으니 감정을 해달라고 했다. 가보니까 김알지왕의 별궁이 있던 곳이고, 일연(一然) 스님이 말년을 보낸 절이 있던 곳이기도 했다.

그런데 그 집 주인은 전생에서 알지왕의 신하였던 사람인데, 지금은 엄청난 욕심장이어서 이 사람에게 터무니없는 값을 요구하고 있음도 알았다.

나는 그 집터보다는 다른 곳을 알아보라고 했다. 다음 날 저녁 다른 집을 가보았다. 대궐같은 웅장한 기와집이고, 그 앞에는 커다란 연못이 있었다. 김알지왕이 왕으로 등극하기 전에 살던 집터였다.

나는 이 집을 구입할 것을 권했다. 그는 현재 울산 시내에서 아파트에 살고 있는데 아파트와는 안맞는 체질이었다. 땅을 밟고 살아야 하고 양옥보다는 한옥에서 사는게 건강에 좋다는 이야기를 해 주었다.

또한 과수원 땅은 어디까지나 그의 것이며, 내가 아는 생수공장을 하는 사람과 함께 협력해서 '옴 진동수' 공장을 만들면 나는 기꺼이 돕겠노라고 했다.

나는 하마터면 허왕된 욕심의 노예가 될뻔 했다가 빠져나온 셈이었다고 생각한다.

사람마다 분수와 복이 있는 법이다.

그는 전생에서 김알지왕과 일연스님이었던 사람이기에 재산복이 있지만 나는 그렇지 못하고 도인(道人)으로서 생애를 끝낼 운명임을 다시 한번 깊이 깨닫게 되었던 것이다.

## 화성 연쇄살인사건의 수수께끼

1991년이 저물어 가던 어느 날이었다.

그날 오후, 눈매가 유난히 날카로운 중년 남자가 나를 찾아왔다. 그는 나와 마주 앉자마자 대뜸 자기는 공직에 있는 몸이라고 했다. 수사관이구나 하는 생각이 퍼뜩 들었다.

나는 정직하게 세무보고도 하고 있어서, 어느 해인가는 세금을 너무 많이 냈다고 돌려 받은 일도 있어 떳떳지 못한 일을 한 기억은 없지만, 그래도 왜 그런지 마음이 찜찜했다.

그는 자기가 화성 연쇄살인사건을 담당하고 있는 사람이라고 하면서 나의 심령 능력으로 범인을 알아낼 수 있느냐고 물었다.

화란 태생의 초능력자인 크로와젯트는 여러 번 경찰의 미궁에 빠진 사건을 해결하는데 큰 도움을 준 적이 있지만, 내 경우는 그렇지가 못했다.

금당사건 때도 종로서 형사가 찾아왔으나 비슷한 이야기를 했을 뿐이었다.

그는 경찰의 수사 기록을 보여 주고 연쇄살인사건의 전모를 이야기해 주었다.

죽은 피해자들은 어린 처녀에서 부터 늙은 노파에 이르기까지 나이의 차가 심했으나, 한가지 공통점은 음모가 굉장히 진한 여자라는 점이었다.

　나는 범인은 살아 있는 사람이 아니라는 생각이 들었다. 계모에게 원한을 품고 죽은 젊은이의 영혼이 빙의되어서 저지른 사건이고, 그중 한 건(件)만은 가출한 아내를 찾던 사람이 아내와 비슷하게 생긴 여자를 잘못 죽인 것이라는 생각이 들었다.

　범인은 살인을 한 뒤에 빙의령이 곧 떠나서 기억을 지워버렸기 때문에 기억을 하고 있지 않다는 생각이 들었다. 정신에 이상이 있는 사람의 소행인게 확실하나, 진짜 범인은 빙의령이기 때문에 범인을 잡는다는 것은 힘든다는 생각이 들어서 그렇게 이야기했더니 수사관은 몹시 실망을 하고 돌아갔다.

　이미 범인은 용의자로서 경찰에 잡혔다가 증거 불충분으로 풀려 난게 아닌가 하는 이야기도 했다. 범인이 범행사실을 기억하고 있다면 발각이 되게 마련인데, 범행한 사실을 기억조차 하지 못하니 알아낼 도리가 없지 않겠는가?

　살해당한 사람들 가운데 몇몇 여성은 전생에 남자로서 여자를 몹시 괴롭혔고 못할 짓을 했기 때문에 이번에는 여자로 태어나서 처참한 최후를 맞은게 아닌가 하는 생각이 들기도 했다.

　얼마전 SBS-TV에서 〈영혼의 목걸이〉라는 영화가 방영된 적이 있었다. 한마디로 빙의되어 가는 과정을 리얼하게 묘사한 영화였다. 어쩌면 '화성 연쇄살인사건' 은 〈영혼의 목걸이〉의 재판이 아닐런지?

　이 세상에 원인없는 결과는 없기 때문에 그렇게 생각할 수밖에 다른 도리가 없지 않겠는가?

　빙의령의 원한이 풀려서 더 이상의 살인사건이 일어나지 않기를 바랄 따름이다.

여기서 최근에 미국에서 일어난 '미국판 화성 연쇄살인사건'을 소개하고 한국의 화성 연쇄살인사건과 비교해 볼까 한다.

우선 독자들을 위하여 1992년 1월 20일자 조선일보에 게재된 기사를 소개한다.

> 30대 창녀 〈미국판 화성 연쇄살인〉
> • 고속도로 단독운전 40~50대 남자대상
> • 2년간 5명살해……범행후 전리품 챙겨

'미국판 화성 연쇄살인사건'의 범인이 최근 체포돼 관심을 집중시키고 있다.

두 사건은 특정지역의 특정인물이 연쇄적으로 살해됐다는 공통점을 지니고 있다.

한국의 '화성사건' 피해자가 빨간 옷을 입은 여성이었던데 비해, 미국의 사건에선 한적한 도로를 홀로 운전하고 가던 남성들이 표적이 됐다는 차이점이 있을 뿐이었다.

문제의 인물은 미 플로리다주 4개 지역에서 지난 89년 부터 2년에 걸쳐 5명의 중년남자를 살해한 혐의로 체포돼, 13일 플로리다의 드랑에서 재판에 회부된 35세의 창녀 에이린 워노.

워노에게 살해당한 5명의 남자들은 40~50대의 중년남성들로 범행 장소는 모두 플로리다의 한적한 고속도로변이었다. 워노 자신은 신원이 확인된 5명 외에도 2명을 더 살해했다고 주장하고 있다.

워노의 살인수법에는 공통적인 시나리오가 있다. 고속도로 변에 서서 추파를 던지거나, 차가 고장난 것처럼 또는 아기가 아픈 것처럼 가장하여 지나가는 차를 세운다.

운전자가 여성인 경우에는 호의를 거절한다. 그러나 남성인 경우에는 살해한 뒤, 기념품을 한가지씩 챙긴다. 은퇴한 경찰서장의 뺏지, 경관의 야경방망이, 면도기, 시계, 낚싯대 등이 워노의 집에서 발견됐다.

살인사건 자체와 '전리품' 취득 부분에 대해서는 워노도 순순히 인정하고 있다.

문제는 살해 동기다. 워노는 '차를 태워준 남자들이 나를 성폭행했거나 희롱했기 때문에 죽였다'며 정당방위론을 펴고 있다. 그러나 유족들은 워노가 살인뿐 아니라 명예훼손까지 했다며 펄펄 뛰고 있다. 실제로 피해자들은 이렇다 할 인격파탄자는 발견되지 않고 있다.

더구나 워노는 젊은 시절을 방탕하게 보낸 30대 여성에게서 흔히 나타나는 조로현상을 보이고 있다. 때문에 운전자들이 그녀에게 달려들었을 가능성은 희박하다는 분석이다.

결국 살인동기를 규명하기 위해서는 워노의 과거를 들춰 보아야 한다.

워노는 시골길을 가던 중, 자신에게 차를 태워 준 남자들로부터 10차례나 성폭행을 당한 경험이 있다고 심리학자에게 털어놓았다.

워노가 갓난아이였을때 그녀의 어머니는 그녀를 버리고 도망갔고, 아버지는 7살난 어린 소녀를 폭행한 죄로 복역하던 중 자살했다.

워노는 13세 때 임신까지 했으며, 15세 부터는 스스로 매춘을 시작했다. 수사팀은 그녀의 어린 시절이 남성에 대한 피해의식, 나아가 남성 혐오증을 가져 왔으며, 여기서 범행이 비롯됐다고 결론짓고 있다.

이 두 사건에서 알 수 있는 것은 남자와 여자에 대한 원한 관계가 살인동기라는 것이고, 미국의 사건이 살아있는 여인에 의해 저질러진 것에 비하여, 한국의 사건은 원한령이 정신병자에게 잠시 빙의되어 범행을 일으킨 뒤 곧 떠났기 때문에 기억상실증에 걸리게 함으로써 모처럼 피의자가 수사망에 올랐어도 증거 불충분으로 석방된 것이 아니냐 하는 점이다.

속칭 동대문에서 뺨맞고 서대문에서 분풀이 한 꼴이 되겠지만, 심령과학자의 입장에서 본다면 이 세상의 일은 인과응보이고, 죽는 것은 우연이 없다고 보면 살해당한 사람들이 전생에 그럴만한 원인을 만들지 않았느냐 하는 짐작을 할 수 있을 뿐, 색출할 수 있는 범인이 살아 있는 인간이 아니라는 점에서 역시 이 사건은 미궁속에 빠져드는게 아닌가 한다.

# 제 2 부
# 마음은 업(業)을 짓는다

# 제2부
## 마음(心)을 얻다

## 죄의식이란 어떻게 나타나는가?

　사람이 행복하다든가 불행하다든가 하는 것은 어디까지나 당사자가 느끼는 정신상태를 말하는 것이지, 물질적으로 풍요하다든가, 가난하다든가 하는 것과는 별로 상관관계가 큰 것이 아니다.
　주위 사람들 모두가 헐벗고 굶주리고 가난할 때는 그다지 사람들은 가난한데 대해 불행을 느끼지 않는다.
　어떻게 하면 헐벗고 굶주린 상태에서 벗어날 수 있을 것인가 하는데 관심을 쏟다보면 사람들은 더 적극적이고 긍정적인 생각을 하게 된다.
　부당한 방법으로 부자가 된 사람들이 있음을 직접 눈으로 목격하고, 양심적으로 아무리 열심히 일해도 가난을 면치 못하게 될때, 사람들은 비로소 주위 환경에 대해 분노를 느끼게 되고 스스로를 불행하다고 생각하게 된다.
　그런데 인간이 가장 괴로워하는 것은 스스로가 죄인이라고 느낄 때인 것이다.
　대부분의 사람들은 자기가 죄를 지었다고 생각할 때, 마음이 편치 못하다.

아무리 큰 죄를 졌어도 본인이 죄인이라는 것을 느끼지 못하는 사람들은 표면상으로는 불안하지는 않지만, 잠재의식에서는 자기가 죄를 진 인간임을 스스로 느끼게 마련이다.

죄를 지면 그에 걸맞는 죄의 댓가를 치루어야 한다는 것이 거의 모든 인간들이 지니고 있는 기본적인 개념이다.

자기도 모르게 벌을 받게끔 행동을 하게 된다.

강도질을 해서 큰 돈을 번 사람이 그 돈을 잘 활용해서 큰 부자가 되었다는 이야기는 들어본 적이 없다.

강도들은 자기가 강탈한 돈을 몸에 지니고 있는게 불안해서 마구 낭비를 하게 되고, 그 결과 머지않아 돈이 떨어지게 된다. 그렇게 되면 또 다시 강도짓을 하게 된다.

이번에 강탈한 돈도 결국 낭비를 하게 되고, 결국은 잡히게 되고 교도소로 가게 된다.

교도소에 들어가면 벌을 받았다는 생각을 하게 된다. 벌을 받고 사회에 나와도 그들은 생계를 마련할 특별한 기술도 없고, 또 전과자라고 해서 취직도 되지 않는다.

결국 또 강도 행각에 나서게 된다. 이번에는 전과자 기록이 있기 때문에 좀더 쉽게 경찰에 잡히게 된다.

교도소에 들어가면 또 다시 벌을 받았다는 생각을 하게 되어서 죄로부터 해방감을 느끼게 된다. 그곳에서는 가치 기준이 다르다. 더 흉악하고 교활한 범죄자가 존경을 받는 폐쇄된 사회다.

그들은 교도소 안에서 나쁜 친구를 사귀게 되어서 출소했을 때는 또 다른 범죄를 저지르게 된다.

이들에게 교도소행은 선도하는 데는 아무런 뜻이 없음을 알아야 한다. 극단적으로 말해서 교도소는 죄인을 훈련하는 곳이라고 할 수도 있다. 일정한 기간 동안 사회에서 격리시켜 놓은 곳이라고 할 수도 있다.

여기에서 가장 보편적인 죄의식에 대하여 예를 들어볼까 한다.

그것은 기독교에서 말하는 이른바 원죄사상(原罪思想)이다. 아담과 이브가 그들의 창조주의 명령을 어겼기 때문에 벌을 받아야만 했고, 그렇기 때문에 아담과 이브의 자손인 인간들은 태어나기 전부터 죄인의 멍에를 쓰고 있다는 것이다.

기독교에서 말하는 하나의 신화(神話)가 인간들을 죄인으로 만든 것이고, 예수 그리스도를 진심으로 믿지 않고서는 그 죄에서 벗어날 수 없다고 하는 그 사상은 너무나 허황된 생각이라고 느껴진다.

모든 인간들은 죄인이기에 반드시 벌을 받아야 하고, 그러기에 20세기를 넘기지 못하고 인류는 멸망하게 되어 있다고 주장한다.

이 사상이 많은 사람들의 마음을 최면을 시키고 있고, 인간은 자기도 모르게 멸망한 원인을 스스로 만들고 있는 것이다.

미래란 무엇일까? 미래란 사람들의 마음속에서 움이 터서 현실이 되는 것이다. 많은 사람들이 인류에게는 밝은 미래가 없다고 믿는다면 그런 미래가 우리의 미래가 되어서 나타나게 마련인 것이다. 그런 점에서 나는 아담과 이브의 원죄설(原罪說)을 믿지 않는다.

원죄설을 믿는 서양인들은 그들의 예상대로 공해문명(公害文明)과 에이즈와 같은 난치병때문에 아마도 멸망의 길을 걷겠지만, 원죄설을 믿지 않는 우리네 동양인들은 '옴 진동수' 보급에 의하여 의식구조의 변화와 체질개선이 되어서 살아남을 것으로 본다.
 모든 인간들은 죄를 지으면 반드시 벌을 받아야 하고, 응분의 벌을 받기 전에는 마음의 평화를 얻을 수 없기 때문이다.
 인간은 태초에 태어났을 때 부터 그런 의식구조를 갖고 있었다. 비록 전생에 지은 죄라도 잠재의식과 심층의식은 이를 기억해서 반드시 벌을 받게 만든다.

## 풀리지 않는 수수께끼

　지금 우리 세계에는 수많은 종교가 있는데 크게 기독교(基督敎), 회교(回敎), 불교(佛敎)의 세가지 종교로 나눌 수 있다.
　기독교는 여호와 하나님, 회교는 알라신(神), 이름은 다르지만 유일신(唯一神)을 섬기는 종교이고, 다같이 우상을 배척하는 것도 공통점이다.
　자기네 신과 신자들 사이에 매체가 되는게 기독교에서는 예수 그리스도이고, 회교에서는 마호멧가 예언자로서 등장하고 있는 점도 같다고 할 수 있다.
　기독교에서는 여호와 하나님은 만물(萬物)을 창조한 절대자(絶對者)이며, 인간은 그 피조물에 지나지 않는 존재에 불과하다고 한다.
　인간의 조상은 아담과 이브이고, 그 아담과 이브는 하나님 앞에서 죄를 지었기 때문에 후손도 태어나기 전부터 죄인이라고 하는게 기독교에서 주장하는 원죄사상(原罪思想)이다.
　기독교의 한 분파인 통일교에서는 그들의 교주를 제2의 아담이라고 부르고, 그를 따름으로서 원죄에서 해방된다고 주장한다.
　통일교가 크게 발전한 것을 보면 결국 원죄에서 해방이 되어서 죄없는 인간으로 복귀된다는 사상때문이다.
 기독교에서는 예수 그리스도를 진심으로 믿고 따름으로서 원죄에서 해방된다고 했고, 최후의 심판날에 영광된 부활의 길로 들어선다고 했다.
 이런 종교들을 자세히 살펴보면 우리의 지구는 죄인들을 수용하는 일종의 교도소라는 생각이 든다. 그리고 20세기 말에는 악인과 선인을 선별하고 지구의 교도소는 폐쇄하겠다는 생각임을 알 수가 있다.
 이 우주의 모든 문제아들을 수용한게 바로 우리의 지구이며, 지구인의 선조를 지구에 집단 수용시킨 어떤 절대적인 권한을 가진 조직이 있어서, 인간은 사악한 존재이나 몇천년 동안 철저하게 종교 교육을 시켜서 악인을 면한 인간들의 영혼은 다른 세계로 데리고 가고, 끝까지 남은 악인들은 지구 바깥으로 나가서 다른 별까지 오염시키는 일이 없도록 이 땅위에 육체를 갖지 않은 영혼으로서 영원히 가두어 두자고 작심한게 아닌가 하는 생각이 든다.
 영혼이란 불생불멸(不生不滅)의 존재여서 창조자의 능력으로서도 이를 소멸시킬 수 없는 것이나, 영혼이 들어 있는 육체를 없애고, 지구의 중력장(重力場) 속에 가두어 버리면, 그 때에는 이 지구가 바로 지옥이 되는게 아닌가 생각한다.
 모든 종교에서 주장하는 말세사상(末世思想)은 인간은 끝내 사악한 존재라는 이야기이고, 멸망의 길을 걷게 되어 있다고 몇천년에 걸쳐서 집단 최면을 해온 게 아닌가.
 하나님이나 알라신은 결코 인간을 좋게 보고 있지 않다는 이야기이고, 흔히들 생각하는 것처럼 종교는 인간을 근본적으로

구원하기 보다는 집단최면을 걸어서, 이 지구 바깥으로는 한 발자욱도 나가지 못한채 멸종시켜야겠다고 결심하게 만든게 바로 종교가 아닌가.

20세기 말까지 인간의 과학이 이대로 발달한다면 인간은 어차피 우주로 진출하게 되어 있기에 20세기가 가기 전에 인간을 없애버릴 필요가 생긴 것이라고 생각된다.

우리는 이 집단최면에서 깨어날 때가 되었다. 우리들을 여지껏 관리해 온 보이지 않는 존재가 묶어 놓은 쇠사슬을 풀고 스스로 자유인(自由人)임을 선언할 때가 왔다고 나는 믿는다.

인간은 결코 원죄를 지은 적도 없으며 모두가 사악한 존재도 결코 아니다. 또 아담과 이브는 유태인과 아랍인들의 조상인지는 몰라도, 결코 전인류의 조상이 될 수 없다는게 변함없는 나의 신념이다.

나는 실제로 유사 에이즈 환자였던 주일 세네갈 일본대사관의 일등 서기관 딸을 치유시킨 경험이 있다.

나는 인간이 공해(公害)때문에 갑자기 죽게 되는 것을 방지하는 방법과 에이즈 환자를 완치시킬 수 있는 방법을 이미 여러 해 전에 발견했다.

그리고 인류를 멸망으로 이끌어 가는 각종 예언, 일종의 집단최면에서 깨어나게 할 수 있는 올바른 인생관, 우주관을 확립한 바가 있음도 또한 사실이다.

이로써 여지껏 풀리지 않았던 수수께끼는 완전히 풀리게 되고, 우리는 세계통일을 위하여 힘찬 첫 걸음을 내 디딜수 있을 것으로 생각한다.

나는 거듭 주장한다.

인간에게는 결코 원죄(原罪)는 없으며, 인간은 이제 종교에 의지하지 않고도 스스로의 힘으로 우뚝 서서 홀로 걸어 갈 수 있는 어른이 되었음을 우리 모두가 깨달아야 될 때가 왔다.

미래(未來)란 무엇인가?

많은 사람들이 원하고 이루고저 하는 것이 현실의 미래가 되는 것이지, 예전에 죽은 예언자들이 무책임하게 지꺼리는 예언이 우리의 미래가 되게 할 수는 없는 일인 것이다.

우리는 이제 지난날의 업장을 소멸시키고, 커다란 인류애(人類愛)에 눈 뜬 새로운 인간으로서 변신을 해야 할 때가 찾아왔음을 우리 모두가 깨달아야 될 것이다.

# 마음은 업(業)을 짓는다

원효대사는 일찌기 '일채(一埰)는 유심조(唯心造)'라고 하셨다. 또한 말이 씨앗이 된다는 말도 있다. 평강공주의 부왕이 어렸을때 하도 공주가 울어서 크면 바보 온달에게 시집 보내야겠다고 한 것이 원인이 되어서 바보 온달을 부마로 삼게 된 것은 너무나도 유명한 이야기다.

나는 생각한다.

이 대우주를 만든 것은 창조의지(創造意志)였노라고, 그 창조의지가 끝없이 세분(細分)된 것이 인간들의 마음이고, 또한 모든 생명체의 마음인 것이다.

수많은 사람들이 건설적인 의욕에 불타 있을 때는 모든 사업은 일어나고 나라는 융성해진다. 반대로 사람들의 마음이 타락하고 불행한 미래가 닥쳐올 것을 믿게 될때, 현실적으로 사회는 혼란을 거듭하게 되고 심지어는 천변지이(千變地異)도 일어나게 되는 것이다. 그러기에 옛부터 나라가 망하려면 우선 백성들의 마음이 타락하곤 했었다.

사람들이 모두 건전한 생각을 갖고 생업에 충실하면 어려운 국난도 타개되고 하늘의 도움이 있게 마련이다.

이것은 곧 내가 불행해지고 행복해지는 것은 모두가 자기의 마음가짐에 달렸다는 이야기가 된다. 마음 자세가 올바르면 아무리 어려운 일이 생겨도 전화위복 시킬 수 있는 지혜가 떠오르게 마련이다.

사람들이 잘못알고 있는 것은 말이지 행동은 아니라는 생각이다.

말로는 아무리 욕을 해도 그 사람을 실제로 해친 것이 아니라는 생각을 하는 사람들이 많다.

그러나 여러가지 업장 가운데 말로 짓는 구업(口業)처럼 무서운 것은 없다. 말로 해서 천량빚을 갚을 수도 있고, 무심코 던진 가시 돋힌 말 한마디때문에 평생 원수가 되는 경우도 많다.

실존주의 철학자로 유명했던 쟝·폴·싸르트르는 일찌기 이런 이야기를 한 적이 있다.

'말한다는 것은 곧 행동이다'

그리고 구체적으로 이런 이야기를 했다.

'여기 책상 위에 사과가 놓여 있다'고 말했을 때, 이 말을 들은 사람, 또는 그 글을 읽은 사람은 우선 책상 위에 사과가 놓여 있음을 알게 되고, 그 사과를 먹고 싶어져서 집어 든다든가, 또는 책상 위에 사과가 놓여 있음은 어울리지 않는다고 하며 이를 치운다고 할 경우, 이 말은 사람들의 주의를 환기시켜서 여러가지 동작을 일으키게 하는 원인이 되었으니, 말과 글은 곧 행동한 것과 같다는 이야기를 했다.

최근에 읽은 어느 천문학 책에는 또 이런 글이 적혀 있었다.

'모든 물체는 어떤 물체의 힘에 의하여 움직여지는데 최종적으로는 아무도 움직이게 하지 않는 스스로 다른 물체를 움직이

게 하는 존재가 있는데 이것이 바로 하나님이라고 했다.'

인간 세상에서 일어나는 모든 일들은 많은 사람들의 마음가짐이 그 원인이라는 생각이 된다.

## 여섯번 어긋난 인연

몇년전 시청자들의 인기를 독차지했던 TV드라마에 〈사랑이 뭐길래〉라는 작품이 있었다.
이 연속극이 방송되는 시간에는 전화도 덜 사용되고, 수도물도 안쓴다는 이야기가 있을 정도였다.
나는 아내의 이야기를 듣고 도중부터 그 드라마를 보기 시작했는데 아주 열렬한 시청자가 되었다.
그런데 그 드라마 속의 여주인공의 누이 동생이 아주 재미있는 인물로 등장했다.
묘령의 예쁜 아가씨로서 약국에 근무하는 약사인데 철저한 남성혐오자고 독신주의자였다.
여지껏 수많은 TV드라마가 방영되었지만 이런 타잎의 아가씨는 한번도 등장한 일이 없지 않은가 생각이 된다.
재미있는 인물설정이라고 생각하고 보고 있었는데, 내가 실제 생활에서 이와 똑같은 아가씨를 만난 적이 있다.
그 이야기를 해볼까 한다.
지금부터 약 1년 전 일이다. 어떤 중년부인이 나를 찾아와서 여러가지 집안 일을 의논한 일이 있었다. 그 가운데 24세 된 미혼의 딸이 있었다.
"따님은 독신주의자로군요?"
했더니 대뜸,
"맞습니다. 평소에 딸 아이는 걸핏하면 결혼을 안한다고 해 왔는데 설마 그렇기야 할라구요. 노인네 빨리 죽고 싶다는 말과 처녀 시집안간다는 말은 원래 거짓말로 치는게 아닙니까?"
하며 내 말을 건성으로 듣는 눈치였다.
나는 잠시 마음을 비워서 이 아가씨의 마음과 동조를 해보았다.
"1년 쯤 뒤에 전자공학을 전공한 박사나 박사 코오스를 밟고 있는 사람이 신랑감으로 나타날 가능성이 많습니다. 따님은 남자와 선을 보아도 대개는 한번에 끝나는데 이 사람은 세번 이상 만나게 되어 있고, 남자 쪽에서는 열렬히 구혼을 해올 것입니다. 그러면 따님은 '박사가 뭐가 그렇게 껄렁해, 나는 결혼 안 할 거야' 하기가 쉽습니다. 그러면 천생배필이니 부모님이 서둘러서 결혼을 시키셔야 합니다. 아니면 영 혼기를 놓칠 가능성이 많습니다."
하고 이야기를 해주었다.
그런데 꼭 1년이 지난 뒤에 그런 신랑감이 나타났다.
내가 예언한 그대로였다. 부모는 놀라서 신랑감의 사진과 딸의 사진을 갖고 나를 찾아왔다.
"따님은 본시 남자였고, 이 신랑감은 처녀였지요. 세번이나 약혼만 하고는 결혼은 하지 않았어요. 그래서 그 다음에는 남녀의 성이 바뀌어 남자였던 따님은 여자가 되었고, 이번에는 남자 쪽에서 세번 약혼을 하고 결혼을 하지 않았죠. 그래서 이번에 일곱번째로 만난 거죠. 따님은 결혼하는데 자신이 없어서 독신주의자가 된 것입니다."
하고 이야기를 해 주었다. 그리고는 따님이 직접 나를 찾아올 인연이 있노라고 했다.

얼마 뒤, 이들 부모는 딸을 데리고 나를 찾아왔다.

이야기를 해본 결과 내 짐작대로 이 처녀는 결혼공포증에 걸려 있었다. 현실적으로 남자와는 교제 한번 해본 일도 없는 아가씨였다.

결혼공포증을 가질 까닭이 없었다.

결국 지난 여섯번 생애에 걸친 결혼 실패의 경험이 심층의식에 깊은 상처를 준 탓인게 분명했다.

아가씨는 내 이야기를 순순하게 받아들이는 눈치였다.

이들의 사이가 원만하게 진행되어서 행복한 신혼부부가 탄생되기를 바라는 마음 간절하다.

## 마인족(馬人族)의 비밀

몇년 전 30대 후반의 여인이 나를 찾아온 일이 있었다.

그녀는 부유한 집안의 딸로 태어났는데, 어느날 유명한 스님이 집에 찾아와 그녀를 보고 아버지가 죽거나 그녀 자신이 일찍 세상을 떠날 것이라고 말했다는 것이었다.

독실한 불교신자였던 그녀의 부모는 스님의 말씀대로 어린 딸을 절에다 맡겼다.

그녀는 절에서 열 아홉살까지 자랐다. 항상 부모가 그리웠다. 스무살이 되던 해, 그 절을 찾은 어느 젊은 스님이 그녀를 본 순간 반해 버려서 환속을 했다.

그녀의 부모는 무척 기뻐했다. 딸이 성인이 되어서 결혼까지 하게 된 것을 부처님께 감사드렸다.

그녀는 결혼을 해서 두 남매를 낳았고, 재산도 점차 늘어났다. 그러나 남편은 의처증 환자였다.

아무 곳에도 나가지 못하게 하고 걸핏하면 매질을 하곤 했다. 참다못해 그녀는 이혼을 결심하고 3년에 걸친 소송 끝에 이혼을 했다.

그 부인은 전생에 인간이 아니었다.

지구와 화성(火星) 사이에 말도스라는 별이 있는데 이 별에는 상체(上體)는 사람이고, 하반신은 말인 그런 우주인들이 살고 있었다.

전쟁을 좋아하여 수폭전 끝에 이 별은 폭발하여 소혹성대가 되었다. 극히 소수의 마인족들이 파멸되기 직전 말도스별에서 탈출하여 지구로 이민을 했다.

그러나 이들은 지구에 온 뒤에도 전쟁을 그치려 하지 않았다. 결국 모두 죽고 한 가족만이 살아남았다. 아버지와 어머니 그리고 두 남매였다.

딸은 어려서부터 아버지를 따르고 사랑했다. 세월이 흘러서 성숙해졌을 때, 들판에서 오빠가 갑자기 겁탈을 했고, 놀란 딸은 경련을 일으켜서 오빠는 죽고 말았다.

자손이 끊어지게 되었다.

딸은 아버지와 관계를 해서 임신을 했다.

딸이 임신하게 된것을 안 어머니는 고민 끝에 자살했다.

그리고 딸도 출산을 하다가 난산 끝에 죽고 말았다. 그러자 아버지도 양심의 가책을 느낀 나머지 벼랑에서 투신 자살을 했다.

이래서 지구로 이민온 마인족은 멸종하고 말았다.

이 최후의 마인족이 재생한 것이 그녀의 가족이었다. 전생에는 근친상간을 한 결과 딸을 죽게 만들었고, 자신도 죽어야 했기에 또 다시 딸로 태어나게 한 것이고, 남모르는 양심의 가책 때문에 이들은 서로 함께 있을 수가 없었던 것이다.

결혼한 남편은 전생의 오빠였다.

전생에 목숨을 앗아갔기에 이번에는 그와 결혼하여 두 남매를 낳고 이혼을 한 것이라고 나는 설명해 주었다.

그녀는 유난히 질구가 좁은데 남편은 보기 드물게 거대한 페니스를 갖고 있었기 때문에 밤마다 겪는 일은 그녀에게는 지옥의 고통이었노라고 했다.

그래서 남편은 의처증 환자가 된 것이었다.

그녀는 나의 이야기를 듣고 크게 깨달았노라고 했다. 산부인과에 가서 자주 질경련을 일으키는 병도 고쳤고, 성죄악감에서도 해방되어서 재혼을 하여 지금은 행복한 결혼생활을 하고 있다고 한다.

## 남편을 타살한 이야기

　사람이 가장 괴로워하는 것은 큰 죄를 짓고 이에 합당한 벌을 받지 않았을 경우이다.
　한 의좋은 중년부부가 있었다.
　남편은 당뇨병 환자였다. 그러나 그는 병원에서 치료를 받지 않고 철저한 식이요법과 운동요법으로 병을 거의 완치시켰다.
　그뿐만이 아니었다. 주변에 있는 많은 당뇨병 환자도 잘 지도해서 치유시켰다.
　그는 건강하고 활기에 찬 인생을 살고 있었는데 어느날 갑자기 쓰러졌다.
　병원에 실려가서 종합진단을 받은 결과 악성 암으로 판명되었다.
　환자가 받은 충격은 컸다. 그러나 이번에도 그는 나름대로의 방법으로 암을 퇴치하겠노라고 장담을 했다. 퇴원해서 눈물겨운 투병생활을 계속했다.
　한동안 좋아지는 것 같더니 두번째로 쓰러졌을 때는 암세포가 이미 온 몸에 퍼져 있었다.
　아들이 심령과학을 믿었고, 그의 친구중에 심령능력자가 있었다. 그를 불러다가 시술을 시켰다. 아들의 친구는 환자에게 악령이 빙의되어 있다면서 마구 환자를 구타했다.

환자는 피를 토했고, 그 피가 기도를 막아서 숨을 거두었다.

가족들은 땅을 치고 통곡했다. 그대로 두었더라면 조용히 숨을 거둘 것을 때려서 미리 죽게 한 것이라고 생각했다.

양심의 가책 때문에 밤잠을 못자고 괴로워 했다.

이대로 가다가는 모두가 양심의 가책 때문에 미칠 것만 같았다.

고민하던 끝에 우연히 내가 쓴 책을 읽고 찾아왔다.

나는 죽은 환자의 사진을 보고 다음과 같이 이야기해 주었다.

"사람이 죽고 사는 것은 하늘의 뜻입니다. 사고사든 병사든 죽게 되는 것은 하늘이 정해준 운명입니다."

"모두가 74세까지 산다고 했는데, 그이는 54세였습니다."

"환자는 54세에 돌아가셨지만 실제로는 74세 정도의 노쇠한 상태였으니까, 천명을 다한 것입니다."

"그냥 두었더라면 조용히 임종을 할 수 있을 것을 저희가 중환자를 매질까지 해서 죽인게 아닙니까?"

"그렇지가 않습니다. 이 분은 전생에서 자기 자식을 때려 죽인 일이 있습니다. 그 업장을 소멸시키기 위해서는 부득이 그런 죽음을 당해야 했죠. 환자를 때린 자칭 심령능력자가 전생의 아들이었습니다."

그들은 내 말에 안도의 한숨을 쉬었다.

"바깥 양반은 이로서 업장소멸이 되었기 때문에 더 이상 인간으로 재생할 필요가 없어지고 1주기가 되면 저승에서 돌아와서 집안의 보호령이 될 것입니다."

이렇게 설명을 하고 나는 1주기때 쓸 제문(祭文)을 미리 써주고 그것을 낭독하여 녹음까지 해주었다.

나를 찾아왔을 때는 양심의 가책때문에 거의 초죽음이 되어 왔던 이들 모자가 명랑한 기분이 되어서 돌아갔다.

나는 생각한다. 죽고 사는 것은 하늘의 소관이지 결코 인간의 뜻대로 되는 것은 아니다. 가까운 예로 내가 암을 고쳐주었더니 다음날 교통사고로 죽은 이가 있었다.

겉으로 보아서는 아무리 우발적인 사고같아도, 인과법(因果法)에 의한 죽음임을 알아야 한다.

사람에 따라서는 비참한 죽음을 당함으로써 업장소멸이 되어 곧 재생의 길로 들어서서, 다음 인생을 행복하게 출발할 수 있다는 사실을 모두 명심하기 바란다.

# 인과(因果)의 법칙

내가 기회있을 때마다 되풀이 하는 이야기지만 이 우주를 움직이는 3개의 큰 법칙 가운데 첫번째 가장 중요한 것이 바로 '인과의 법칙'이다.

따지고 보면 이 세상에는 우연이란 결코 없으며, 어떤 원인이 있으면 반드시 그 결과가 나타나게 마련이다.

다만 그 결과가 곧 나타나느냐, 다음 생애에 나타나느냐의 차이가 있을 뿐이다.

이 우주의 중심에는 우주심(宇宙心)이라는 것이 있어서 일종의 거대한 컴퓨터같은 작용을 하고 있다.

우리가 한 행동, 마음에 생각한 것 모두가 기록되고, 그 결과가 일정한 시간이 경과한 뒤에 반드시 나타나게 되어 있는 것이다.

이것을 아카식크 레코오드라고도 부른다.

좋은 일을 하면 좋은 결과를 거두게 되고, 나쁜 짓을 하면 나쁜 결과가 오게 되어 있는 것이다. 그러나 세상 돌아가는 것을 보면 반드시 그렇지만도 않다고 느껴지는 경우가 많다.

애써 남을 도와 주었는데도 해만 돌아온다고 투덜대는 이가 바로 그런 경우인데, 그것은 이렇게 해석하면 된다.

좋은 보답을 받을 행동을 하지 않은 이에게 좋은 결과를 가져다 주면 인과의 법칙을 어기게 되기 때문에 해를 주게 된다. 그러기에 과공(過恭)이 비례라는 말도 있는 것이다.

또한 나쁜 일이 계속 일어나는 것은 과거에 잘못된 원인이 결과로 나타나서 사라져 가는 모습인 것이다.

그만큼 과거에 지은 업장이 소멸되어 가는 것이다.

인과의 법칙은 하늘이 정해 준 대우주 법칙이고, 영원에서 영원에 이르기까지 지켜지고 있는 법이기 때문에 인간이 이를 간섭하면 반드시 그 반작용(反作用)을 입게 마련이다.

전생에서 꼭 물에 빠져 죽을 만한 짓을 한 사람이 있을 때, 인과의 법칙이 집행되려는 순간, 이를 방해하는 사람이 나타나면 그가 대신 죽게 된다.

이것은 불간섭의 원칙을 어겼기 때문에 일어나는 현상인 것이다.

## 저승에서 온 회장님의 메시지

— 과거를 알려면
현재받는 것을 보면
알 수 있고,
미래를 알려면
현재짓는 것을 보면
알 수 있다 —.

우리들 인간은 한결같이 이승에 더 머물다 가고 싶어 하지만 마음대로 되지 않는 것이 바로 죽음이다. 그렇다면 그토록 가기 싫어하는 곳—그곳은 과연 어디인가?

옛날 사람들은 요즘 사람들보다도 죽음이라는 것을 훨씬 더 많이 생각했고, 또한 더 잘 알고 있었다. 그것은 옛 왕릉이 있는 경주나 부여를 가 보면 잘 알 수 있으며, 이집트의 피라밋과 같은 무덤들에서 이같은 사실을 증명할 수 있다.

옛 사람들은 부모가 죽으면 3일장(三日葬)이나 3년 초토(三年草土), 초혼(招魂), 49제(薺)를 정성껏 지내는데 이것은 바로 영계로 가는 수속 절차인 것이다.

그러나 요즘은 이같은 사고방식이 바뀌어 가고 있다. 그저 죽으면 그뿐이라는 식이다. 죽은 뒤의 저 세상에 대해서는 알려고도 하지 않으며, 살아 있을 때 어떻게든지 잘 먹고 잘 쓰고, 편히 살아야 되겠다는 위험한 생각들을 갖고 있다.

그러다 보니 온갖 수단과 방법을 가리지 않고 내 이익만 찾기에 급급하게 되는 것이다. 특히 현대사회에서 일어나고 있는 온갖 범죄, 즉 사기·성폭행·살인·인신매매·어린이 유괴 등 차마 정상인으로서는 도저히 상상할 수 없는 엄청난 사건들이 속출하고 있는 것이다.

이들 범죄자들이 저 세상에서 자기가 받게 되는 엄청난 형벌을 알게 된다면 과연 그같은 범죄를 저지를 수 있을까?

남에게 죄를 지었거나 피해를 주었을 때, 우리는 교회와 성당, 절에 가서 자기의 죄를 고해하고 용서를 빈다. 그러나 이미 저지른 죄가 용서가 될 수 있겠는가? 한마디로 죄는 영원한 것으로서 이미 쏟아진 물은 되담을 수 없듯이 한번 저지른 죄의 댓가는 반드시 받게 되어 있다.

우리들 인간은 처음에는 죽음이란 것을 아예 모르고 태어나 살아가게 된다. 그러나 점차 살아가면서 주위에서 죽음이란 것을 보고 느끼게 되고, 점차 나이가 들어갈수록 문득 생각하게 된다. 처음 왔던 곳으로 돌아가게 되는데 이를 원시반본(原始返本)이라고 한다.

죽음을 앞두면 누구나 심경에 변화가 온다. 그 첫째 변화로서 마음이 착해지게 된다. 살아오는 동안의 자기 잘못을 뉘우치게 되는 것이다. 그야말로 갓 세상에 태어났을 때의 천진스런 어린애의 마음으로 돌아가게 되는 것이다.

그토록 흉악했던 살인범들이 사형집행실에 들어서면 비로소 자신의 운명을 예감하고 참회의 눈물을 흘리는 것처럼 한 인간으로서 마지막 가는 순간에는 누구나 할 것없이 아름다운 심성을 되찾게 되는 것이다.

죽음이란 바로 영혼과 육체가 각기 분리되는 것이다. 사람이 죽으면 육체라는 빈껍데기만 남게 되고 영혼은 빠져나가 버리는 것이다. 그렇다면 영혼이란 무엇이며, 과연 존재하는가에 대한 물음이 주어진다.

영혼이 존재한다는 것을 증명하는 예는 우리 주위에서 흔히 볼 수 있다. 한 예로서 제사를 지낸 후의 제삿밥은 제사 지내기 전보다 영양가가 현저히 떨어지는데, 그것은 기가 빠져 나갔기 때문이다.

제삿날 밤이면 마을의 개가 짖는 소리를 들을 수 있다. 그것은 제삿밥을 먹으러 오는 귀신을 보았기 때문에 개가 짖어대는 것이다.

일반적으로 다시 오지 못하는 곳을 우리는 구천세계(九泉世界)라고 한다. 전통적으로 종교계, 기독교나 천주교, 불교에서는 천당이니, 지옥이니, 연옥이라고 하는데 실제로는 인간이 죽어서 가는 곳은 영계인 것이다.

사람이 죽을 때는 4대조의 조상들이 그 자리에서 임종을 지켜본다고 한다. 그리고 저승 사자 3명이 대기하고 있다가 그 영혼을 거둔다고 한다. 죽은 후 3일 동안은 영혼이 육체에 머물다 떠나게 된다. 따라서 3일장이 치루어지는 것이다.

영혼이 육체로부터 완전히 벗어나는 데는 3년이란 기간이 걸린다. 우리가 죽어서 가는 곳, 천당과 지옥, 과연 어디에 천당이 있고, 지옥이 있는 것일까? 그리고 나는 어디로 가게 될 것인가? 이같은 끝없는 의문 속에서 하루하루를 잠식해 들어가고 있는 것이다.

오늘인가? 내일인가―각자 가야 할 영생(永生)의 길은 어디에서 준비되는가?

죽어서 저 세상에 가면 각자 살아온 동안 지은 죄와 쌓은 공덕에 따라 갈 곳이 정해지는 것이다. 따라서 지은 죄가 많거나 남을 위해 봉사하지 못하고 악하게만 살아 왔던 사람은 결코 하늘나라에 가지 못하고 땅의 나라로 떨어지게 되는 것이다.

우리는 가끔 집안에 우환이 있거나 사업이 잘 안되면 조상탓으로 돌린다. 그 망령(亡靈)이 갈 곳을 잃고 구천(九泉)을 헤매기 때문에, 조상령이 보호를 해 주지 않기 때문에 매사에 일이 꼬인다고 생각해 왔다.

왜 죽은 뒤에 갈곳을 잃고 헤매일까? 그것은 바로 저승에 마련된 내 집이 없기 때문인 것이다.

앞에서도 말했듯이 대우주가 한 인간을 세상에 내보냈을 때는 빛과 사랑을 주었다. 한점 부끄러움없이 착하게 살도록 명령했다. 부모를 공경하고, 형제와 이웃을 사랑하고 부부가 애정을 갖고, 모든 사람에게 은혜를 베풀고, 남에게 죄를 짓지 말라고 했다.

그런데 세상을 살다보니 그 아름다운 처음의 심성은 어디로 가버렸고 탐욕에만 눈이 어두워져 버리게 되었다. 또한 시기와 질투심만이 마음 속에 꽉 차게 되었고, 자신도 모르는 사이에 마음을 정화하기에 너무나 늦어버리게 되었다.

죽음을 앞두고서야 인간의 본성이 무엇이라는 것을 새삼 깨닫게 되지만 너무 늦어버린 것을 어찌하랴. 따라서 죽은 후 갈 곳을 몰라 구천을 헤매이게 되는 것이다.

다음은 영(靈)의 세계를 알아보기로 한다.

영(靈)으로 들어가는 문은 5개로 나누어져 있다. 사람이 죽어

저세상에 가게 되면 살아 있을 때 지은 죄와 공덕에 따라 갈 곳이 정해지게 된다. 살아 있을 때 사회적인 지위나 재산, 명예는 아무런 소용이 없다. 오로지 이승에서의 행적에 따라 갈곳이 정해지는 것이다.

한번 문을 들어서게 되면 다시 나오거나 그곳이 싫다고 다른 거주지로 바꿀 수 없다. 그 이유는 육체가 없기 때문인 것이다. 따라서 한번 갈 곳이 정해지면 그곳에서 영생(永生)하게 되는 것이다.

영(靈)의 계층은 5개 계층으로 구분되는데, 첫째로 저급영계(低級靈界)로서, 이는 각종 흉악범죄자나 인륜을 저버린 행위자 등 가장 사악한 영혼의 세계이며 바로 지옥을 뜻한다.

초급영계(初級靈界)는, 사회생활에서 자기만을 생각하고, 남에게 피해만 주고 살아온 즉, 좋은 일보다 나쁜 일을 더 많이 한 사람들이 가는 곳이다.

중급영계(中級靈界)는, 남을 위해 봉사하고 사회생활에서 모범을 보인 우등생들이 가는 세계이다.

끝으로 대영계(大靈界)라고 하는 곳이 있는데, 사회 발전에 앞장서고 인류를 위해 온 힘을 바친 공덕을 많이 쌓은 사람들이 가는 사후세계이다.

그렇다면 우리 조상들은 사후세계에서 어떻게 살아가고 있을까?

영계(靈界)는 이 세상과는 너무나도 다르다. 그곳은 한마디로 춥고 어둡고 고통만이 가득찬 사람들이 살아가게 된다.

우리는 옛부터 전통적인 관례에 따라 4대조까지의 조상들만 제사를 올리고 있다. 5대조와 6대조는 왜 제를 올리지 않는가 하고 의심하는 경우가 있는데, 이는 사람이 죽으면 그 기(氣)의 파장이 1백년 동안 변하지 않기 때문인 것이다. 1대를 25년으로 계산했을 때 1백년은 4대에 해당되는 것이다. 돌아가신 조상들은 1백년 동안 자기의 가족들이나 후손을 돌본다. 즉, 자기의 후손과 더불어 살아간다는 뜻이다.

영(靈)의 기(氣) 파장은 1백년마다 변화가 온다. 따라서 죽은 날로부터 1백년이 넘으면 후손과 함께 할 수 없게 되고, 그때부터 갈 곳이 없어 어두운 구천을 떠도는 망령이 되어버리게 된다.

이같은 망령들을 위해 1년에 한번씩 지내는 것이 시제(時祭)인 것이다. 요즘 사람들은 이같은 제를 지내는 것을 대수롭지 않게 생각하여 제를 제대로 모시지 않는 사람들이 늘고 있는데 이는 조상님들에게 큰 죄를 짓는 것이다.

지금은 잘 볼 수 없는 광경이지만 옛날에는 산이나 들, 논같은 데서 점심을 먹기 전에 가져 간 음식이나 술을 조금씩 떼어서 '꼬시레' 하고 던지거나 뿌리는 것을 볼 수 있었다. 이것은 떠돌이 객귀(客鬼)들에게 음식 공양을 하는 것이다.

또한 제삿날이나 명절때 제사를 모신 후 음식물을 조금씩 떼어서 종이에 담아 대문 밖에 내다 놓는데 이것도 바로 갈 곳 없이 헤매는 불쌍한 객귀(客鬼)들을 위한 것이다. 한마디로 객귀는 거지 귀신으로서 이곳 저곳을 떠돌며 주는 음식이나 얻어먹고 지내는 것이다. 잡귀(雜鬼)니 잡신(雜神)이니 하는 것은 바로 이같은 떠돌이 영들을 두고 하는 말이다.

다음으로 죽음에 대해 생각해 보기로 하자. 과연 죽음이란 무엇일까? 이같은 의문을 가져 보지 않은 사람은 별로 없으리라.

의학적인 죽음의 정의(定義)는 매우 간단하다. '심장의 고동이 완전히 멎어서 혈액순환의 기능이 멎어서 뇌사현상(腦死現象)이 일어난 상태를 말한다'라고 되어 있다.

　시체가 된 육체에는 이미 영혼이 깃들어 있지 않다. 그래서 어떤 이들은 죽음이란 눈에 보이는 상태에서 안보이는 상태로 변화한 것일 뿐, 영혼은 육체가 죽은 뒤에도 계속 존재한다고 주장한다.

　그렇다면 죽은 사람의 마음이 산 사람들에게 그들의 생각을 전달할 수도 있는가 하는 의문이 생긴다.

　여기에 대한 재미있는 실화(實話) 한 토막을 소개해 보고저 한다.

　얼마전 〈인과응보〉의 상권이 막 출간되었을 때의 일이다. 서울의 어느 불교선원에서는 매우 관심을 끄는 일이 벌어지고 있었다.

　그것은 바로 여신도중 한 명이 자기가 실제로 겪었던 일을 스님을 통해 공개하는 것이었다. 그 이야기인즉, 다음과 같다.

　독실한 불교신자였던 한 70세의 노인이 임종하는 자리에서 며느리를 불러 7자리 숫자, 즉 765395×을 가르쳐 주었다.

　며느리는 이 숫자가 처음에는 무슨 의미인지 어리둥절할 밖에 없었다.

　곰곰히 생각해 본 며느리는 전화번호가 아닐까 하는 생각을 하게 되었다.

　죽은듯이 누워 있는 노모가 다이얼을 돌리는 시늉을 해 보였다. 그리고는 힘드는 표정으로 다음과 같이 말하는 것이었다.

　자기가 죽은 뒤에 이 번호에 전화를 걸어보고, 그 댁에 몇년 전에 돌아가신 남자 노인이 있느냐, 그분의 몸에 점이 3개가 있지 않았느냐고 물어보고, 그런 사실이 있다고 하거든 그분이 세상을 살아오면서 잘한 일들도 많았지만 경우에 따라서는 잘못된 일들도 있어서 그 원한때문에 저승에 무사히 가지를 못하고 구천을 헤매고 있으니, 부디 이름있는 스님의 손으로 제를 올려 달라고 하더라고 부탁하더라는 이야기를 끝내면서 그 노모는 숨을 거두었다고 한다.

장례식을 무사히 치룬 뒤에 며느리는 그 사실이 생각나서 임종하는 자리에서 어머니가 일러준 곳으로 전화를 걸어, 확인해 보니 뜻밖에도 그 곳은 몇년 전에 작고한 S재벌 총수댁이었다고 한다.

돌아가신 분의 몸에 점 3개가 있었다는 것도 확인이 되었다.

그런데 돌아가신 노모는 생전에 S재벌의 총수였던 사람과는 생면부지(生面不知)의 사이였다.

그것은 분명 작고하신 S재벌 총수의 영계통신(靈界通信)이었음이 분명하다고 생각된다.

나도 S재벌 총수와는 약간의 인연이 있었다.

왜냐하면 여러 해 전 S재벌에서 운영하는 신문사에서 간행되던 주간지에 반 년 이상에 걸쳐서 〈방랑4차원〉이란 글을 연재한 일이 있고, 그분의 딸이 나의 체질개선 연구원의 회원이 된 일이 있기 때문이다.

S재벌 총수는 살아 생전에 이 국가와 사회를 위해 엄청난 공덕을 쌓았던 사람이다. 그러나 대그룹이 되기까지에는 간혹 가슴 아픈 일들도 많았으리라 생각된다.

내가 알기에 그분은 말년에는 폐암인가 하는 병으로 작고하셨는데, 폐암 환자를 여러 명 치유시킨 일이 있는 나는 그분을 도와주고저 했으나 끝내 인연이 닿지 않았었다.

그분의 사진을 통하여 영사해 보니 수많은 전생(前生) 가운데 고대 로마제국의 빌라도 총독이었던 적이 있다는 것을 알 수 있었다.

그때 빌라도 총독이 예수를 재판하던 자리에 있던 사람들 가운데 한 사람의 영혼이 나에게 분령체로 들어 있음도 알 수 있었다.

그런 인연이 있어서 나는 세상에는 전혀 알려져 있지 않은 이 이야기를 소개하게 된 것이다.

죽은 사람의 영혼이 계속 존재한다는 하나의 좋은 예가 아닌가 생각된다.

## 전생(前生)에서의 약속

하루는 나의 사무실에 한 중년부인이 나타났다. 첫눈에 몹시 초췌한 모습이었다. 중병(重病)을 앓고 있는 사람 같았다.
　나의 짐작은 맞았다. 그 부인은 원인 모를 중병을 앓고 있었다. 한마디로 말해서 항상 몸이 무겁고 소화가 되지 않고 날이 갈수록 기운이 탈진해 간다는 이야기였다.
　그래서 여러 곳의 이름난 의사들도 찾아 보았으나 모두 한결같이 아무 이상이 없다는 진단을 내릴 뿐 몸이 몹시 허약하니 보약이나 먹으라는 것이었다. 그래서 보약도 많이 먹어 보았으나 아무 소용이 없었노라고 했다.
　"요즘은 숫제 남편보기가 민망스럽습니다. 얼마되지 않는 가산을 모조리 탕진하고 죽을 것만 같습니다."
하고 부인은 한숨을 쉬었다. 그리고 요즘은 꿈에 생전 본 일이 없는 갓쓴 노인이 나타나서 무엇인가 할 말이 있는 것 같이 표정을 짓다가는 사라지곤 한다는 것이었다. 아니 그뿐만이 아니었다. 밤마다 산비탈에 손으로 굴을 파는 꿈을 꾸곤 한다는 이야기였다.
　"아무래도 제가 죽을 때가 가까워져서 무덤을 파는 꿈을 꾸

나봐요."

하고 부인은 서글프게 웃었다. 그 웃는 모습이 처량하기 이를데 없었다.

한편, 부인은 소녀 시절부터 절에 가기를 좋아했었노라고 했다.

절에 가면 자기 집에 돌아온 것 같아 마음이 편안하여 저녁 늦게까지 머물러 있곤 했다고 말했다.

나이가 들어 혼담이 오고가도 왜 그런지 결혼하고 싶은 생각은 들지 않고, 여스님이 되고 싶기만 했다는 것이었다. 결혼을 해도 행복해 질 것 같지가 않았다는 이야기였다.

나는 이 부인을 앞에 놓고 영사(靈査)를 해 보았다. 망령들이 여럿이 빙의가 되어 있는 것 같았다.

"약속을 지키지 않았습니다. 우리가 인도를 해서 인간으로 태어나게 한 것은 스님이 되게 하려는 뜻이었습니다."

"인간이 되게 하다니요. 그럼 이 부인은······."

"바로 그렇습니다. 부인은 전생이 우리가 있던 봉천사(奉天寺) 경내에 살고 있던 족제비였습니다. 절의 천장에서 늘 독경하는 소리를 듣는 동안에 이 족제비는 신앙심이 생겼습니다. 부처님이 설법하신 인과율(因果律)과 전생설(轉生說)을 믿게 된 그는 죽어서 인간이 되기를 원했습니다. 그는 죽어서 인간이 되기 위하여 끼니를 굶었습니다. 우리들은 그의 정성을 갸륵하게 여기어 그의 혼을 인도하여 인간이 되게 해 줄 것을 약속했습니다. 그러나 동물의 영혼이 인간이 된다고 해도 그는 제대로 인간으로서 생활을 해나갈 수 없기에 인간이 될 수는 있으나 스님이 되라고 했습니다. 그러나 족제비는 인간으로 환생을 한 뒤에 우리하고의 약속을 지키지 않았습니다. 스님이 되어서 인간들을 위해서 봉사를 한다는 조건으로 우리는 족제비를 우리 집안의 후손으로 태어나게 한 것인데 그는 약속을 지키지 않았습니다. 그래서 우리들은 그를 저승으로 데려가기로 한 것입니다. 그래서 족제비가 환생한 이 부인에게서 점차 생명력이 빠져 나가고 있는 것입니다."

나는 이 빙의된 조상령(祖上靈)들을 타일렀다. 부인은 앞서 세상에는 족제비였는지는 모르나 지금은 엄연한 인간이요, 또한 한 가정의 주부로서 남편과 자식들에 대한 의무를 지닌 몸이라는 것, 전생에서의 약속을 어긴 것은 태어나는 과정에서 전생의 기억을 상실한다는 영계와 이승에 걸친 우주법칙 때문이지 부인에게는 아무 잘못이 없다는 것, 그러니까 부인을 저승으로 데려가는 것은 보류해 달라고 간곡히 부탁했다.

죽은 조상령(祖上靈)들은 나의 부탁을 이해하여 모두 부인에게서 이탈했다. 부인은 한결 밝아진 얼굴로 고맙다는 말을 몇번씩이나 되풀이 하고서 집으로 돌아갔다.

그래서 나는 이 부인의 문제는 이것으로 완전히 끝난줄 알고 있었는데 며칠 뒤 부인이 다시 사무실에 나타났다. 몸이 아픈 것은 좋아졌으나 밤마다 산비탈에 굴을 파는 꿈은 여전히 계속되어 불안하기 이를데 없다는 이야기였다.

내가 영사를 했더니 이번에는 동물의 영혼이 부령(浮靈)했다. 바로 부인이 전생에 족제비로 있을 때의 새끼들이었다.

"우리 어머니가 인간이 되어서 말못할 고생을 하고 계신 것을 보고 우리는 결심했습니다. 어머니를 우리에게로 다시 돌아오게 해야겠다고요."

"그건 또 무슨 말이냐?"

"선생님은 잘 이해가 안 되시겠지만 우리 동물들의 세계는 자연의 법칙을 그대로 지키고 살아가고 있습니다. 우리는 인간처럼 거추장스러운 옷도 없고, 호화 주택도 필요없습니다. 굴은 우리 손으로 파서 만들면 되고 인간을 해치는 들쥐가 우리의 먹이이고, 또 많이 필요한 것도 아닙니다. 우리는 인간처럼 애써 배우지 않아도 살아가는데 필요한 지식은 태어나면서부터 알고 있습니다. 우리의 적이 누구라는 것도 알고 있고, 무엇을 먹이로 해야 한다는 것도, 또 먹이를 어떻게 구해야 한다는 것, 자식들은 어떻게 길러야 한다는 것도 알고 있습니다. 인간은 욕심덩어리이지만, 우리는 필요없는 욕심은 없습니다. 인간들은 우리 동물들을 불쌍하게 여기는지 모르겠습니다만, 우리는 더러운 공기를 마시면서 고통 속에서 살아가는 인간들을 오히려 불쌍하게 생각하고 있습니다. 우리 어머니가 인간이 되고 싶어 한 것부터가 애당초 잘못된 생각입니다. 우리는 우리 어머니를 구출해 내야겠다고 생각하고 있는 것입니다."

실로 당당한 이론이었다.

나는 이 족제비들의 이야기를 듣고 많은 것을 깨닫지 않을 수 없었다.

이 우주에는 분명히 창조주가 계시다는 것, 동물이 비록 인간과 같은 말로 그들의 생각을 표현할 수는 없으나 그들도 하나의 존엄한 생명체임을 느낀 것이었다.

나는 정성을 다해서 설득을 했다.

이 부인은 앞서 세상에서는 너희들의 어머니였는지 모르나 지금은 그렇지가 않다는 것, 인간으로 태어난 이상은 인간으로서의 권리와 의무를 다하고 가는 것이 우리의 창조주이신 하나님께 대한 보답이라는 것을 자세히 이야기해 주고 너희들이 저승으로 데려 가서 다시 동물로 태어나게 하려는 것 때문에 고통을 받고 있다는 것도 알려 주었다.
"우리들은 우리 어머니와 함께 있고 싶단 말이예요."
나는 이 말에는 웃음이 나오고 말았다. 나는 그들도 인간으로 태어나면 되지 않겠느냐고 했다.
그들을 설득시키는데 오랜 시간이 걸렸다.
나는 이 경험을 통하여 동물령(動物靈)이 빙의되었을 경우가 얼마나 어렵다는 것을 뼈저리게 느꼈다.
어쨌든 이 동물령들도 끝내는 나의 정성을 이해하여 이탈을 했고, 그 부인이 오랫만에 건강을 다시 되찾은 것은 정말 다행한 일이 아닐 수 없었다.

## 갓난애의 원한령

몇년전 문화방송의 한낮 라디오 프로그램에 출연했을 때의 일이었다.

그때, 나는 중국 무술인 장풍(掌風)에 대한 이야기와 속보법(速步法) 및 축지법은 어떤 원리로 가능한 것인가 하는 이야기를 했던 것으로 기억한다.

사무실에 돌아와 좀 쉬려는데 방금 방송을 들었다면서 전혀 모르는 한 노부인으로부터 전화가 걸려 왔다.

자기는 지금 69세인데 지난 40년 동안 아무도 그 원인을 알 수 없는 이상스러운 병으로 고통을 받고 있어서 나를 만나면 무엇인가 도움이 될 것 같아서 전화를 걸었다는 이야기였다.

몹시 서두는 폼이 당장이라도 찾아올 것 같은 기세였다.

그날은 마침 토요일 오후여서 월요일 아침에 사무실에서 만나기로 약속을 했다.

월요일 아침 출근하니까 그 노부인이 이미 와서 기다리고 있었다. 몸집이 작고 몹시 여윈 깐깐한 인상을 주었다.

이야기를 들어보니 본인의 말대로 정말 이상한 병을 앓고 있는 것이 분명했다.

　40년째 된 병인데 한번씩 자궁 부분에 심한 진통이 온다는 이야기였다. 병원에서 X-레이 검사도 받았고 그밖의 종합진단도 여러 번 해보았으나 언제나 결과는 같았다.

　자궁암도 종양도 아니라는 것이었다. 의학상으로는 아무 이상이 없다고 했다.

　몇번 검사를 해도 똑같은 결과가 나오니 적이 마음이 놓이기는 했으나 하루에 한번씩 겪어야 하는 고통이 꿈이 아닌 뚜렷한 현실인데는 어쩔 수가 없었다.

　이런 고통이 40년이나 계속되고도 지금까지 살아 있는 것이 이상할 지경이라면서 부인은 눈물이 글썽해지는 것이었다.

　고치지 못해도 좋으니 무슨 원인에서 생긴 고통인지, 자기가 전생에 어떤 죄를 지어서 받는 괴로움이라면 그 사연이라도 알았으면 한결 마음이 겨벼워질 것 같노라고 했다.

　나는 단번에 어떤 빙의령(憑依靈)의 장난임을 알 수가 있었다. 내가 물었다.

　"혹시 이 병을 앓게 되기 6개월에서 1년 사이에 유산(流産)한 일이 있습니까?"

　"네, 그런 일이 있었습니다."

　"그 뒤 아기를 낳으셨나요?"

　"아닙니다. 무거운 짐을 들다가 아기를 유산한 뒤로 저는 아기를 낳을 수 없는 몸이 되었기 때문에 한번도 출산해 본 경험이 없습니다."

　"그리고 그 아기를 갖게 되기 전 1년쯤 전에 용산 쪽으로 집을 사서 이사 간 일이 있었나요?"

"네, 그런 일이 있었습니다."

"그 집으로 이사하기 전에 그 집에 대한 어떤 예감같은 것을 느낀 적은 없었던가요?"

"네, 나쁜 예감이 있었습니다. 저는 왜 그런지 몹시 불길한 느낌이 들어서 반대를 했지만 남편이 철도국에 기관사로 근무하고 있었고, 또 집 값이 굉장히 쌌기 때문에 남편이 우겨서 하는 수 없이 이사를 갔습니다."

"한옥이었나요, 일본집이었나요?"

"일본집이었습니다."

"구석방이 온돌방이고 나머지는 다다미방인 그런 구조가 아니었던가요?"

이 말에 노부인은 두 눈을 크게 떴다. 몹시 놀라는 표정이었다. 나는 언제나 이런 경우엔 으례 그러하듯 완전한 방심상태로 들어가 노부인의 마음을 비추는 거울이 되었다.

60여년 전 용산 어느 동네에 일본인 군인 가족이 살고 있었다. 주인인 대위(大尉)에게는 한 아름다운 딸이 있었는데 그녀는 우연한 기회에 알게 된 한국인 청년과 사랑하는 사이가 되었다. 사람들의 눈을 피해 가면서 밀회를 거듭하는 동안에 처녀는 아기를 가졌다. 임신 5개월만에 처녀는 이 사실을 부모에게 알리고 결혼을 허락해 달라고 간청했다.

남달리 한국인을 멸시하던 대위는 눈 앞이 캄캄했다. 유산을 시켜 보려고 했으나 의사가 위험하다고 했다. 자칫하면 둘이 다 죽을 가능성이 많다고 했다.

대위는 딸을 골방에 가두고 전혀 바깥 출입을 못하게 했다.

산월(産月)이 되자 그녀는 아들을 낳았다. 그 순간, 억센 대위의 손이 아기의 입을 틀어막았다.
갓난애는 울음 한번 제대로 울어보지 못하고 숨이 넘어가고 말았다.
사과 궤짝에 담긴 아기의 시체는 다다미방 밑에 파진 구덩이 속에 묻혔고 무정한 사람들은 그 방을 개조해서 온돌로 바꿔 놓았다.
그런 뒤에 그들 가족은 일본 본토로 돌아가고 말았다. 그 뒤 그 집으로 이사온 사람들은 하나같이 불행한 일을 당하곤 하여 어느덧 흉가(凶家)집으로 통하게 되었다.
흉가집인줄 알면서도 워낙 집 값이 싸서 이사를 온 부인은 그 집에서 첫 아기를 가졌으나 유산을 하고 말았다.
병원에서는 다시는 어린애를 가질 수 없노라고 했다.
"그때 살해당한 아기의 영혼이 할머니의 몸에 들어와 오늘의 고통의 원인이 된 것입니다. 아기의 영혼은 그동안 오랜 세월이 지났다는 것을 모르고 있는 것입니다. 그래 하루에 한번씩 자기를 낳아 달라고 진통을 일으키는 것입니다."
노부인은 알만하다고 고개를 끄덕였다.
나는 아기의 영혼을 노부인에게서 이탈시키는 절차를 밟았다.
아기에게 우주를 지배하는 인과율에 대한 설명을 했다.
아기가 이런 끔찍스러운 일을 겪게 된 것은 전생에서 조선 중종(李朝中宗) 때 과부가 외로움을 달래다 못해 먼 친척 오빠가 되는 이와 관계를 가져 아기를 갖게 되었고, 그 아이를 낳는 순간에 목을 졸라 죽여서 뒷산에 버렸기 때문이라고 설명해 주었다.

그러니까 아기의 영혼의 전생을 보여 준 것이었다. 소중한 어린 생명을 아무 죄없이 죽인 까닭으로 해서 이번에는 자기 자신이 당한 것에 지나지 않는다고 이야기했다.

아기가 지금 들어 와 있는 이 부인은 이제 노부인이어서 도저히 아기를 낳을 수 있는 사람이 아니니 곧 이탈을 해서 유계(幽界)로 돌아가라고 설득했다. 그랬더니 이런 통신이 왔다.

들어온 지 너무 오래 되어서 그런지 자기 혼자 힘으로는 도저히 나갈 수가 없으니 좀 도와 달라는 이야기였다.

나는 기도를 통하여 아기의 보호령들을 부르고, 노부인의 보호령과 나의 보호령들에게 부탁하여 제령(除靈)을 시켰다.

나의 손이 노부인의 두 어깨를 가볍게 치는 순간, 머리 꼭대기 가마 있는 데가 홧끈해지면서 무엇인가 빠져 나가는 느낌이 들었다고 노부인은 말했다.

"뱃속이 허전합니다. 정말 이상하게 몸이 가벼워졌는데요."

하고 노부인은 오랜 고통에서 해방된 것을 조금도 의심치 않고 몹시 기뻐했다.

## 영능력자와 영각자(靈覺者)

 영능력자와 초능력자는 같은 종류의 인간인가, 아닌가, 틀리는 데가 있다면 어디가 틀리는가? 이 의문에 대하여 나름대로의 견해를 말해 보고저 한다.
 영능력자란, 보호령 또는 빙의령(憑依靈)의 도움을 받아서 영언(靈言)·영청(靈聽)·영시(靈視)할 수 있는 능력을 가진 사람들을 뜻하는 말이다.
 이와는 반대로 초능력자란, 태어났을 때부터 또는 후천적인 수련에 의하여 몸의 구조, 그중에서도 두뇌의 기능이 남다르게 발달된 사람을 뜻하는 것으로서, 보통 사람들보다 훨씬 높은 차원에 속하는 우주력(宇宙力)을 발휘할 수 있는 사람들을 말한다.
 대부분의 영능력자들이 초기에는 여러가지 신통력을 발휘하지만, 본인이 자기 자신에게 갖추어진 능력이라는 착각을 일으켜서 교만해지고, 금욕(金慾)·색욕(色慾)을 추구하게 되면, 그때까지 영능력(靈能力)을 공급해 주고 있던 보호령 또는 빙의령은 떠나고 마는 것이다.
 이와 같은 일이 일어나게 되면, 어느 날 갑자기 영능력은 없어지게 된다. 그와 같이 된 경우, 어느 의미에서 영능력을 행사하기 전보다도 더욱 난처한 입장에 놓여지게 된다.

　영능력자로 유명해진 사람들 가운데에는 진짜와 가짜가 있게 마련인데, 가짜 영능력자란 전에는 영능력이 분명히 있었지만, 현재에는 보통 흔히 볼 수 있는 평범한 인간으로 변해서 겉으로만 그럴듯하게 영능력자 행세를 하고 있는 경우이다.

　이와는 반대로 초능력자란, 몸의 기능 자체가 특이하여 우주력을 행사할 수 있는 인간이므로 도중에서 초능력이 없어지는 일은 없다.

　이 세상에 영능력자는 굉장히 많지만 진정한 뜻에서의 초능력자는 전세계를 통하여 아주 소수에 지나지 않는다.

　한편 영각자(靈覺者)란, 영능력자가 좀더 정진(精進)하여 도달하는 경지를 뜻하는 말이다.

　영각자란, 깊은 수양과 많은 사람들에 대한 끊임없는 봉사를 함으로써 마침내는 영계에 존재하는 진아(眞我)〔이것을 우주의식이라고도 말한다〕와 완전히 하나가 된 경지에 서게 된 사람을 뜻하는 말이다.

　창조주(創造主)의 뜻이 곧 자기 자신의 마음이며, 자기의 마음이 곧 창조주의 마음 속에 있다고 한 예수 그리스도는 이와 같은 영각자였다고 생각된다.

　그것은 부처님의 경우도 마찬가지이다.

　영각자(靈覺者)는 영언(靈言)·영청·영시능력(靈視能力)이 전혀 필요치 않은 존재이다.

　그는 언제나 우주의식과 하나가 되어 있으므로 자기 자신이 아닌 대상이 곧 자기 자신이라는 그와 같은 정신상태에 놓여져 있기 때문이다.

그는 직관력으로 모든 일들을 알 수 있을 뿐만 아니라, 상념(想念)이 바로 창조 능력인 경지 속에 살고 있기 때문이다.

부처님이 말씀하신 8대 신통력 가운데 오직 하나 정심정각(正心正覺)만이 진정한 신통력이라고 말씀하신 경지에 놓여진 사람이야말로 영각자라고 말할 수 있다.

타인과 접하는 때이건, 동물과 접하는 때나 언제나 커다란 사랑을 가지고 전생까지 포함해서 바로 올바르게 지도해 주는 사람— 그 사람이 바로 영각자인 것이다.

어떤 악령이 빙의되어 있어도 영각자는 올바르게 볼 수 있고, 그런 악령들까지도 올바르게 타일러서 유계로 보내 제령시킬 수가 있는 것이다.

끝없는 사랑, 끝없는 지혜, 제한받지 않는 커다란 힘, 이 세가지 요소를 한 사람이 갖고 있는 영각자의 보다 높은 경지야말로 우리들 모두가 원하고 있는 세계인 것이다.

## 쫓기는 사나이

몇년 전에 〈주간 한국〉에 '방랑4차원(放浪4次元)'이라는 글을 연재하자 많은 독자들로부터 커다란 반응이 있었다.
 문의 전화가 아침부터 밤까지 계속 걸려 와서 우리 출판사 직원들은 나에게 '방랑4차원'을 중단해 줄 것을 요구했다.
 나의 취미생활〔직원들은 그렇게 해석하고 있었다〕때문에 도저히 일을 할 수가 없다는 불평이었다.
 반응은 신문사 쪽도 역시 마찬가지였다고 한다. 그래서 '방랑4차원'은 본래의 의도와는 달리 결국 혹세무민(惑世誣民)하는 글로 오해받아서 하는 수 없이 중단을 했다.
 그러나 나는 그 글 덕분에 많은 사람들을 알게 되었고, 또한 심령현상(心靈現象)에 대한 귀중한 체험을 얻을 수가 있었다.
 그 중 몇가지 이야기를 적어 보고저 한다.
 하루는 〈주간 한국〉을 읽었다면서 한 젊은 노이로제 환자가 찾아왔다. 그는 겉으로 보기에는 아무렇지도 않았다.
 그의 말에 의하면, 자기는 아무리 노력해도 타인들로부터 영 호감을 살 수가 없다는 것이었다. 호감을 사기는 커녕 이상스럽게 주위 사람들이 까닭없이 자기를 싫어한다고 했다.

특히 여성의 경우는 더 심하다고 했다. 심지어 길거리에서 길을 물어도 얼굴을 찡그리면서 욕을 하기가 일쑤라고 했다. 한마디로 말해서 여지껏 젊은 여자들과는 제대로 이야기 한번 나눈 경험이 없다고 했다.

아무리 노력을 해도 자기에게 호감을 갖는 여성이 없다는 것이었다. 그렇다고 해서 이 젊은이가 추남이나 불구자인가 하면 그렇지도 않았다. 오히려 그보다는 반대로 미남에 가까운 용모였다.

그래서 자기는 서른이 다 되었어도 결혼할 생각도 하지 못하고 피해망상증인가 알아보기 위해 여기 저기 신경정신과를 찾아보았으나 도무지 신통한 해결책이 서지 않는다는 이야기였다.

나는 그의 앞에서 완전한 방심상태로 들어갔다.

나의 마음이 텅 비어 거울이 될때, 그의 마음 깊은 곳에 숨겨진 비밀이 비쳐지게 되는데, 벌써 오래 전부터 해 오는 방법이었다.

이것을 밀교(密敎)에서는 흔히 공심법(空心法)이라고 부른다.

때는 유럽에서 바이킹들이 설치던 무렵이었다. 이들 바이킹의 두목 가운데 굉장한 애처가가 있었다. 그는 아내를 사랑하다 못해 여신(女神)처럼 모셨다.

집을 비우는 떠돌이 생활이 오래 계속 되었지만 그는 자기의 아내가 설마 부정한 짓을 하리라고는 꿈에도 생각지 않았었다. 그러나 그의 아내는 여신이라고 하기에는 너무도 피가 뜨거운 젊은 여인이었다.

그녀는 남편이 집을 비울 때는 언제나 젊은 사내를 집 안에

끌어들여 즐겨 애욕의 노예가 되곤 했었다. 그러나 무슨 일이든 꼬리가 길면 밟히는 법, 드디어 이 불륜의 여인에게 무서운 심판의 날이 찾아 오고야 말았다.

 사냥갔다가 예정보다 일찍 돌아온 남편에게 불륜의 현장을 들키고 말았기 때문이었다.

 남편은 극도로 분노했고, 성난 그의 칼 앞에 두 남녀는 그 자리에서 살해되고 말았다.

 이런 일이 있은 뒤로 두목은 극도의 여성 증오자가 되었다. 전쟁에서 사로잡은 포로들 가운데 여성은 어린이건 노파건 모조리 참살했다.

 한편, 그의 이런 폭거를 충언(忠言)으로서 말린 부하들도 모조리 살해했다. 차차 부하들의 마음은 '미친 두목'에게서 떠나기 시작했다.

 그러던 어느 날, 술에 만취한 그는 반란을 일으킨 부하들의 손에 의해 살해되고 말았다.

 그 뒤 그는 몇번이나 인간으로 다시 재생을 했지만, 죄없는 여인들을 살해한 죄는 면할 길이 없었다.

 때로는 말 못할 불구자(不具者)의 몸으로 태어나기도 했고, 때로는 원인모를 이상한 병을 앓으면서 일생을 비참하게 보내야만 했다.

 그의 넋을 저주하는 수많은 여인들의 원혼들로부터 도망하기를 원했으나 전생의 죄업은 너무나도 컸다. 윤회를 거듭하는 가운데 그는 마침내 한국에서 재생했다.

 "하지만 안선생님께서 하시는 이야기가 모두 사실이라는 것을 증명할 길이 없지 않습니까?"

"물론 증명할 수는 없지요. 또 내가 소설가니까 남보다 상상력이 풍부해서 꾸며 낸 이야기라고 생각할 수도 있겠지요. 그러나 나는 그런 장면이 저절로 떠오른 것이지 머리에서 구상한 것은 아닙니다. 그 증거로 당신의 이야기가 끝나자마자 곧 입을 열지 않았습니까. 또 내가 지금 제령(除靈)을 시켜드린 결과 여지껏 겪어 온 고통에서 해방이 된다면 그것이 곧 증거가 되지 않을까요."

나는 이 젊은이에게 빙의되어 있는 망령(亡靈)들을 타일렀다.

당신네들이 전생에 학살을 당한 것은 그 앞서 전생에서 그럴 만한 원인을 만들었기 때문이며, 더 이상 이 젊은이에게 빙의한다는 것은 영계의 법을 어기는 것이 되어 인간으로 재생할 수 있는 기회를 스스로 포기하는게 될 뿐만 아니라 마침내는 신으로부터 영혼을 말살당할 수 있다고 간곡히 타일렀다.

나의 정성어린 설법을 듣고 대부분의 망령들은 이탈을 했지만, 그 중에는 나에게 빙의된 영혼도 있었다.

나는 이상한 협박 소리를 듣는 것같은 환각을 느꼈고, 흡사 정신분열증 환자가 받는 그런 고통을 한동안 겪어야만 했다.

나는 이 경험에서 빙의된 망령을 올바르게 제도해 준다는 것이 얼마나 중요하다는 것을 절실히 깨달았다.

## 영혼의 호소

 이번에는 〈형제〉의 작가인 사유선(史有善)씨의 장모님에 대한 이야기를 적어볼까 한다.
 하루는 그가 사무실로 나를 찾아와서 자기가 계룡산에 갈 일이 있는데 동행을 하지 않겠느냐고 했다.
 그렇지 않아도 나는 계룡산이 영산(靈山)이라는 이야기를 들어서 한번 가보고 싶었는데 마침 좋은 기회라고 생각되어 쾌히 승낙했다.
 내가 느닷없이 계룡산에 다녀오겠다고 하니까 아내는 몹시 놀라는 눈치였으나 말리지는 않았다.
 나는 사유선씨만 떠나는줄 알았는데, 소격동 파출소 앞에서 그의 부인을 만났다.
 "부인도 가시렵니까?"
 "네."
하고 대답하는 부인의 얼굴 빛이 몹시 창백했다.
 "그럼 어서 차에 오르십시오."
하고 내가 문을 열어 주니까 부인은 조수석에 앉으면서,
 "그런데 어머님이 지금 갑자기 병환이 도져서 영등포에 있는

성신병원에 입원하셨다는군요."
하고 우리와 함께 가는 게 몹시 마음이 내키지 않는 눈치였다.
 "그럼 가는 길에 병원에 들러 보시도록 하죠."
 "미안해서 어떻게 하죠."
 "아닙니다. 사위도 아들이나 마찬가진데 이런 때 안 가 본다면 말이 됩니까? 헌데 참 어디가 편찮으신가요?"
 "평소에는 저혈압이셨는데 갑자기 혈압이 높아져서 위독해지셨다는군요."
 "그것 참 이상하군요. 혹시 영적인 원인에서 생긴 병이시라면 제가 도움이 되어 드릴 수 있을지도 모르겠군요."
 "아니 안선생님이 언제부터 그런 것을 하십니까?"
하고 사유선씨는 몹시 놀라는 기색이었다.
 병실에 들어가 보니 환자는 생각했던 것보다는 덜 중태였다. 나는 환자를 보니 무엇인가 마음에 집히는게 있었다.
 "혹시 지금부터 27,8년쯤 전에 사고로 따님을 잃으신 적이 있습니까?"
 "네, 있습니다만 그걸 어떻게 아시지요?"
하고 환자는 몹시 놀라는 태도였다.
 "그럼 지금부터 1년 사이에 역시 사고로 손녀를 잃으신 적이 있지요?"
 "네, 그런 일이 있는데요. 정말 놀랍군요."
 28년 전, 상한 우유를 모르고 먹인 것이 원인이 되어 어린 딸이 갑자기 죽은 일이 있으며, 그 일이 지금까지도 항상 마음에 걸려서 괴롭다고 했다.
 친구의 딸 결혼식 같은데 참석을 하면, 예쁘고 귀여웠던 죽은 딸이 더 생각나곤 한다는 이야기였다.
 "그러시다면 28년이 지난 지금도 항상 그 따님 생각을 하고 계시다는 이야기군요."
 "그렇지요. 어떻게 생각을 안할 수가 있겠습니까. 아무 죄도 없는 어린 것을 순전히 제 잘못으로 죽였는데, 제 양심이 괴로워서도 생각을 안할 도리가 없군요."
하고 사유선씨의 장모님은 그 곱게 늙은 얼굴에 눈물을 머금어 보이는 것이었다.
 "어려서 사고로 죽은 아이는 영격(靈格)이 높은 영혼입니다. 이 세상에서 오래 살면서 인생 경험을 쌓을 필요가 없어진 진화된 영혼인 것입니다. 그런데 어머니께서 그렇게 애착을 갖고 계시면 죽은 따님의 영혼은 저승으로 가지 못하고 어머니 몸에 붙어 있게 마련입니다."
 "그런 것을 제가 알았어야죠."
 사유선씨가 눈을 꿈쩍해 보이더니 대신 다음과 같은 이야기를 들려 주었다.

 겨울이었는데 어린 아이에게 이불을 덮어 주고 옆방에서 식구들은 텔레비전을 시청했다고 한다.
 오랜 시간이 지난 뒤였다.
 배가 고파서 아기가 울 시간이 되었는데도 아무 소리가 없어서 건너가 보았더니, 아기는 이미 숨져 있었다고 했다.
 잠결에 발길질을 하는 바람에 이불이 얼굴에 덮여 숨이 막혀 죽었다는 것이었다.
 "그것 참 이상하군요. 첫번째 경우도 상한 우유를 먹으면 토

하거나 설사를 하는 게 우리의 상식인데 그렇지 않았고, 두번째 경우에도 어린애가 울법한데 그렇지 않았으니 이상하지 않습니까?"
 "그보다도 더 이상한 일이 있지 않습니까?"
하고 사유선씨가 옆에서 말참견을 한다.
 "무엇인가요?"
 "안선생님이 아무한테서도 이야기를 듣지 않고 우리 집안에서 일어난 일들을 알아낸게 이상하지 않습니까. 나도 지금부터 28년 전에 장모님께서 그런 불행을 겪으셨다는 것은 처음 듣는 일인데 어떻게 그걸 알아 내셨지요?"
하고 아무래도 믿을 수 없다는 표정이었다.
 나는 거기에는 대답을 하지 않고 환자에게 질문을 계속했다.
 "이번에 손녀 딸이 죽은 뒤에 어떤 이상한 경험을 한 일이 있습니까?"
 "네, 있습니다. 그 방에 들어가는게 말할 수 없이 무서웠습니다. 어른도 아닌 어린애가 죽은 방인데 그렇게 무서울 수가 없었어요."
 "그게 바로 정을 떼느라고 무서움을 주는 것입니다. 사고로 죽은 손녀는 바로 28년 전에 죽은 따님이 다시 태어난 것입니다. 할머니께서 너무 자기 생각을 해서 저승으로 갈 수가 없어서 다시 이번에는 손녀딸로 태어나서 비슷한 사고로 가 버린 것입니다. 자기를 잊어달라는 것이죠. 그래서 무섭게 느껴진 것입니다. 죽고 사는 것은 모두가 하늘의 뜻입니다. 슬퍼하실 필요가 없습니다."
 나의 이야기를 듣고 환자는 지난 28년 동안 남모르게 괴로워

했던 양심의 가책에서 해방이 되었다면서 몹시 기뻐하는 것이었다.
 나는 환자에게 붙어 있는 아기의 영혼을 제령해서 이탈을 시켰다.
 "이제 의사들이 깜짝 놀라도록 혈압이 내려 갈 것입니다."
 "그럼 계룡산에 갔다가 돌아오는 길에 다시 들르겠습니다."
하고 우리는 병원을 나왔다.
 그런데 이야기는 여기에서 끝나는 것이 아니고 또 뒷이야기가 있다.

 계룡산 구내로 자동차가 들어설 때였다.
 "오늘이 사선생 어머님 생신날이 아닙니까?"
 "아니 그걸 어떻게 아셨지요. 그런 이야기를 미리 말씀드리면 마음에 부담을 느끼실 것 같아서 말씀을 안 드렸는데."
하고 사유선씨는 몹시 놀라는 태도였다.
 "아닙니다. 내가 오히려 놀랐습니다. 여기까지 올 때까지 그걸 모르게 한 사선생의 실력이 대단한데요."
해서 우리는 모두 웃었다. 그런데 다음날 아침이었다.
 갑사(甲寺) 경내에서 사씨 부부와 긴 의자에 앉아서 담소를 나누고 있는데 서울에서 전보가 날아들었다.
 전보를 받아 본 사유선씨 부인이 갑자기 흐느껴 울기 시작했다.

 〈어머니 사망, 급히 상경할사〉
라고 적힌 전보였다.
 순간, 나는 눈 앞이 아득해지는 것을 느꼈다. 내가 공연히 심령치료를 해서 이런 결과가 온게 아닌가 하는 두려움이 앞섰기 때문이었다. 그러나 다음 순간, 마음을 가라앉혀 보니 분명히 사유선씨의 장모님은 살아 있다는 느낌이 들었다.
"혹시 이 전보가 잘못된 것인지도 모릅니다. 병원에서 위독하다고 하니까 지레 짐작을 하고 미리 전보를 친 것인지도 모르니까 전화를 해 보십시오."
그들 부부는 다행히도 어제의 일로 미루어 보아 내 이야기를 듣고 곧 병원으로 전화를 걸었다.
부인이 가게에서 전화를 거는 동안 우리는 떠날 준비를 하고 차 안에서 기다리고 있었다.
이윽고 부인이 한 손으로 눈물을 닦으면서, 한편으로는 어설픈 웃음을 띠면서 돌아왔다.
"그래 어떻게 되었답디까?"
하고 사유선씨가 다급하게 물었다.
"안선생님 짐작이 맞았어요. 어머님은 돌아가시지 않으셨고 오히려 이제는 다 나은 것이나 다름 없으시다는 거예요."
"그럼 왜 그런 전보를 쳐서 사람을 놀라게 했지?"
"병원에서 심장이 몹시 붓고 밤을 넘기기 어렵다고 했다나 봐요. 그래서 으례 돌아가실 것으로 알고 전보를 미리 쳤다는군요."
"이거 죄송합니다. 공연히 소란을 피워서, 그럼 어떻게 하죠?"
하고 사유선씨가 나를 돌아다 보았다.
"기왕 떠나기로 한 것인데 갑시다. 계룡산이 어떤 곳인지 와 보았으니까 이제 그만 떠납시다."
나는 사씨의 장모님이 무사한 것이 더없이 다행스러웠고, 서울로 빨리 돌아가고 싶은 생각뿐이었다.

그런데 차가 서울을 향해 달리는 동안 부인의 마음은 다시 불안해지기 시작했다.

혹시 우리를 너무 놀라지 않게 하기 위해 일부러 어머니가 돌아가신 것을 숨긴게 아닐까 하는 것이었다.

"서울까지 불안해 하시면서 가실 것은 없습니다. 조치원에서 직접 전화를 해 보시지요."
하고 내가 이야기했다.

조치원에 도착하자 마침 점심 때도 되고 해서 우리들은 역전에 있는 어느 음식점으로 들어갔다.

우리가 음식을 시키고 기다리고 있는 동안, 부인은 병원에 전화를 걸었다.

"얘, 나다. 이제 몸이 좋아졌어. 며칠 안으로 퇴원하려고 한다."

수화기에서 흘러나온 소리는 분명히 떠날 때 들은 귀에 익은 장모님의 음성이었다.

모두 안도의 한숨을 몰아쉬었다. 그런데 서울 근처에 다 왔을 때였다.

나는 눈 앞에 이상한 환상(幻想)을 보았다. 의사들이 우르르 들어와서 혈압을 재더니 이렇게 밤 사이에 혈압이 내려갈 수 없다면서 혈압기를 3개나 갈아대는 장면이 분명히 보였다.

나는 사유선씨 부부에게 이 이야기를 했고, 병원에 가서 확인을 했더니 모두가 사실이었음이 밝혀졌다.

그 뒤 얼마 지나지 않아서 사씨의 장모님은 병원에서 퇴원하셨고, 지금까지 혈압이 정상인 상태로 아주 건강하게 지내신다고 했다.
횡사한 아기의 영혼이 무사히 이탈했음이 분명했다.

콘스탄틴 라디베와 각도계

## 이상한 얼룩이

하루는 어떤 사람의 소개로 나의 연구원에 한 중년부인이 찾아 왔다. 고혈압 환자였다.

병원에서 아무리 치료를 해도 영 차도가 없어서 고민하던 중, 누가 나를 찾아가서 체질을 바꾸는 시술을 받아보라고 권해서 왔다는 것이었다.

혈압이 한참 높을 때는 최저 130에서 최고가 240까지 올라간다고 했다.

"이런 혈압으로 죽지 않고 살아 있는게 이상하다고들 하더군요."

하고 부인은 말했다. 그래서 병원에 12일 동안 입원도 했었고, 그 뒤 물리치료도 꾸준히 받아 보았으나 도무지 차도가 없다는 것이었다.

한편 왼쪽 어깨에서 손 끝까지가 저린다고도 했다. 그래서 왼쪽으로는 영 눕지도 못한다고 했다.

첫날 혈압을 재어 보니 최저가 120, 최고가 200이었다.

나는 부인의 얼굴과 손바닥 빛을 살펴보고 신경성 고혈압이라고 판단을 내렸다.

한편 간(肝)·췌장·심장도 모두 좋지 않은 것으로 나왔다.
이런 정도면 최소한 한 달 정도는 시술을 받아야만 체질이 바
뀌고 병이 완쾌될 것으로 보였다.
　첫날은 그냥 돌려보내고 이틀째 왔을 때 나는 부인이 마주
앉은 나의 얼굴을 정면으로 보지 못함을 알았다. 부끄러움을 탈
나이도 아니었다.
　나는 이상하다고 생각하여 그녀의 눈동자를 자세히 살펴 보
았다. 아무래도 영혼이 빙의되어 있는 것이 분명했다.
　"아주머님, 이것 예삿병이 아닙니다. 혹시 어려서 사고로 죽
은 아들이 있습니까?"
　"네, 있습니다. 둘째 아들이 네살때 이웃집에서 가져 온 돐떡
을 먹고 갑자기 급체하여 미처 손 쓸 틈도 없이 죽었습니다."
　"아주머님 눈 밑에 있는 이 검은 얼룩이는 무엇이지요?"
　"이게 바로 죽은 아기가 죽기 전에 괴로워 하길래 들여다 본
순간 할퀸 자국입니다. 보기 싫어서 없애 보려고 가진 애를 썼
지만 통 지워지지가 않는군요. 젊어서는 이것 때문에 고민도 한
일이 있습니다만, 이제 다 늙은 몸이라 별로 신경을 쓰고 있지
않습니다."
　"그러니까 아주머님께서는 늘 죽은 아들을 생각하셨겠군요?"
　"그야 그렇지요. 아주 영리하고 착한 애였으니까요."
　"큰 아드님이 뭔가 말썽을 일으키고 있는 것 같은데, 제 짐작
이 맞았습니까?"
　"네, 큰 아이는 얼마 전에 집을 나갔습니다. 어느 다방 레지
와 좋아 지낸다는군요. 결혼을 승락해 달라는 것을 제가 한사코
반대했더니 그만 집을 나가 버렸습니다."

"큰 아드님과 죽은 둘째 아드님을 비교해서 큰 아드님을 나무란 적은 없습니까?"

"왜요, 있지요. 큰 애에게 늘 그러곤 했지요. 이렇게 부모의 속을 상하게 하는 네놈이 죽고 작은 아들이 살아 있어야 되는 건데, 하고요."

"정말 잘못하셨습니다. 아주머님은 당신도 모르시는 사이에 두 가지 큰 잘못을 범하신 겁니다. 대개 어려서 사고로 죽은 아이의 영혼은 영격(靈格)이 높은 영혼입니다."

그런데 늘 작은 아드님 생각을 하셔서 죽은 아들의 영혼이 저승으로 가지 못하고 어머니에게 의지하고 있게 한 것이 첫째 잘못입니다. 영혼은 이탈을 하고 싶으나 어머니의 마음이 놓아주지를 않아서 갈 곳을 찾아 가지 못하니까, 제발 자기를 보내 달라는 의사 표시로 아주머니에게 병원에서도 고치기 어려운 병을 안겨 준 것입니다. 그리고 두번째 잘못은 어려서 세상을 떠난 동생과 항상 비교를 함으로써 큰 아드님의 마음에 소외감과 열등감을 불어 넣어 준 것입니다. 영리했으면 얼마나 영리했겠어요. 네살 먹은 아이가…… 죽은 동생과 항상 비교당한다는 것은 당사자가 아니면 그 고통을 모를 것입니다."

부인은 고개를 떨군 채 아무 대답이 없었다. 깊이 뉘우치는 태도였다.

"아주머님께서 죽은 둘째 아드님에 대한 애착을 깨끗이 씻어 버리고 큰 아드님을 진심으로 사랑하시는 마음을 갖게 되면 큰 아드님이 돌아올 것입니다. 그리고 죽은 아드님의 영혼을 저승으로 아주 보내십시다. 그러면 혈압은 정상이 될 것입니다."

나는 늘 하던대로 제령을 했다. 그러자 부인의 두 눈에서 굵은 눈물이 흘러 내리기 시작했다.
 소리도 없이 한없이 흘러내리는 눈물—죽은 아들의 영혼이 떠나면서 흘리는 눈물임이 분명했다.
 한편, 나는 오른손을 뻗쳐서 부인의 얼룩진 얼굴을 비추었다. 그러자 이상스러운 향내를 풍기면서 20년 가까이 시커멓게 자리를 잡고 있던 얼룩은 희미해지기 시작하더니 나중에는 거의 식별할 수 없을 정도가 되었다.
 정말로 신기한 장면이었다.
 나는 이 경험으로 다시 한번 영혼이 존재한다는 사실을 확인한 셈이지만, 그 뒤 이틀 동안 시술을 하자 최고 200이었던 혈압이 160까지 내려 가고, 아프던 허리 통증도 사라졌다는 이야기였다.
 나흘 동안에 걸친 짧은 시술로 고혈압 환자의 용태가 정상이 된다는 것은 보통 상식으로는 있을 수 없는 일이었다. 그러나 영장(靈障)에 의한 병이었기에 이렇게 빨리 체질이 개선된 것이라고 나는 생각하고 있다.

## 어느 선주(船主)의 재생

　지난해 늦은 가을이었다.
　전주에서 올라왔다는 한 중년 신사가 나의 연구원을 찾아 왔다.
　당뇨병으로 인한 합병증으로 신경통까지 앓고 있는 환자였다. 나에게서 '옴진동' 테프를 구해 가서 50일 동안 진동수를 복용했더니 신경통 증세는 많이 없어졌고 변비도 깨끗이 없어졌으나 아직도 당뇨병 기운이 그대로 있어서 찾아 왔노라고 했다.
　"병도 병이지만 저는 도대체 무슨 일이든 제대로 성사를 시켜 본 일이 없습니다. 무슨 까닭일까요. 영사를 한번 해 주실 수 없을까요?"
하고 부탁을 했지만 어떻게 된 영문인지 눈 앞에 짙은 안개가 낀 것 같아 통 알 수가 없었다.
　나는 사실대로 이야기를 하고는,
　"아무래도 선생의 보호령들이 협조해 주지 않는군요. 좀 더 진동수를 마시고 열흘에 한번씩 오셔서 시술을 받도록 하세요."
하고 그날은 시술만 하고 돌려 보냈다.
　그뒤 몇번 시술을 했으나 결과가 신통치가 않았다.

아무래도 영혼이 빙의되어 있는 것 같았다. 그래 날짜를 받아서 영사를 하고 제령도 하기로 했다.

제령을 하려고 그의 앞에 앉으니 갑자기 눈 앞에 길게 드리웠던 안개가 거치면서 그의 전생에 있었던 일들이 선명하게 떠올랐다.

대한제국(大韓帝國) 말, 목포에 부자 선주(船主)로서 강오복(姜五福)이라는 사람이 있었다.

3대째 내려 오는 외아들이어서 부모가 5복을 갖춘 인물이 되라고 오복이라는 이름을 지어 주었으나 그는 천성이 매우 인색한 사람이었다. 그래서 그의 배 선원들은 불평이 많았다.

을사년 4월 7일, 그의 어선 한 척이 거제도 앞 바다에서 풍랑을 만나서 침몰하였는데 그 어선에는 표팔푼(55세), 그의 아들 순돌이(35세), 손자 명수(15세) 세 사람이 타고 있었는데 모두 익사를 했다.

하루 아침에 할아버지에서 손자까지 모조리 잃어버린 표씨네 집안은 난가가 될 수밖에 없었다. 그러나 선주인 강오복은 자기 어선 잃어버린 것만 애석하게 여겼을 뿐 유족들에게 제대로 보상도 해 주지 않았다.

"선생은 전생에서 이를테면 많은 노임을 착취했던 것입니다. 그렇기 때문에 마땅히 지불했어야 할 그 돈 만큼 선생은 손재수가 따르게 마련입니다. 남에게 줄 것은 주어야지 안 준다고 그 돈이 내 것이 되는 것은 아닙니다. 이승에서가 아니면 다음 세상에 태어나서라도 어떠한 형태로든 나가게 마련인 것입니다.

"알았습니다. 선생님 말씀을 명심해서 살겠습니다."
"그때 수장된 사람들이 그뒤 바다 고기로 재생(再生)했는데 공교롭게도 그 고기를 선생이 먹고 빙의된 것이 분명합니다."
이날 제령할 때 그의 몸에서는 생선 비린내가 진동했다.
나의 영사 결과를 뒷받침해 주는 뚜렷한 현상이 아닌가 싶었다.

# 재생(再生)된 무학대사 이야기

내가 저술한 〈제령〉과 〈심령치료〉에는 인간이 윤회 전생하는 이야기가 많이 실려 있기 때문인지 불교 신자들이 비교적 많이 찾아오곤 한다. 그중에는 오랫동안 승려 생활을 해 온 사람들도 많았다.

모두가 한결같이 궁금해 하는 것은 자기의 전생(前生)이 누구였었는지 알려 달라는 것이다.

"전생을 함부로 이야기한다는 것은 일종의 천기누설〔하늘의 비밀을 누설한다는 뜻〕입니다. 전생을 꼭 알아야 될 사람에 한해서 본인의 보호령 협조로 알게 되는 것입니다. 관상을 보듯이 알 수 있는게 아닙니다."

이것은 내가 거의 매일같이 되풀이 하고 있는 이야기다.

10여년 전 어느 해 가을, 인품이 좋은 노스님 한분이 나를 찾아왔다.

그는 우리나라 불교계에서는 상당히 이름이 알려진 분인듯싶었다.

"부끄러움을 무릅쓰고 한마디 여쭈어 보겠습니다. 저는 전생이 누구였는지요. 남들은 저를 도를 많이 닦은 승려라고 대우들을 합니다만 번민이 많습니다. 아직도 견성(見性)을 하지 못했다고 생각됩니다만……."
하고 칠순이 넘은 노스님은 아들뻘이 되는 나에게 공손하게 물었다.

설익은 돌중들이 내 앞에 와서 교만들을 피우는데 비하면 솔직하면서도 겸손한 자세로 보아 상당한 경지에 있음을 보여 주었다.

나는 노스님의 영파에 동조를 했다.

그 순간 한폭의 그림이 떠올랐다.

"왕십리라는 지명(地名)은 누가 지은 것이죠?"

"무학대사죠."

"바로 맞았습니다. 스님은 바로 무학대사이십니다."

"네! 그럴 리가 있나요. 무학대사는 이성계를 도와서 조선 건국에 큰 공을 세웠던 도승(道僧)이 아닙니까?"

"조금만 더 기다리면 고려의 국운이 다하게 되어 있었는데 무학대사는 이성계를 충동시켜 칼로써 고려 왕조를 쓰러뜨리게 했습니다. 신하로 하여금 임금을 시역하게 한 것은 분명히 큰 죄였죠. 그 때문에 이씨 조선은 개국 초부터 피에 피를 씻는 참극의 계속이었죠. 이성계 자신도 아들인 방원에게 쫓겨난 것이나 다름이 없었고, 그 뒤 단종때 일어난 일이라든가……."

"알겠습니다."

"무학대사는 자신의 초능력을 좋게 사용한게 아니었어요. 그 때문에 다시 태어나야만 했고, 또 전생에서의 능력을 모두 잃어버려야만 했던 것입니다."

"잘 알겠습니다."

"그러니까 스님은 진동수를 복용하셔서 몸을 깨끗이 하고 국가와 민족에 큰 환난이 없도록 항상 기도하는 생활을 하셔야 합니다. 당신 자신이 견성을 해서 성불(成佛)하겠다는 생각은 버리시고 나라와 민족을 위해서 항상 기도하십시오. 그것이야말로 스님이 견성하여 성불이 되는 길이지 다른 길이 있는게 아닙니다. '행하되 행하지 않음과 같고, 행하지 않되 행함과 같도다' 한 이야기를 그대로 실천에 옮기시라는 말입니다. 지극한 정성이 없이 행함은 행하지 않음과 같고 지극한 정성으로 염력(念力)을 다해서 기도를 드리는 생활은 남이 보기에는 아무 일도 하지 않는 것 같으면서 큰 일을 하고 있는 것이나 다름 없는 것입니다. 당신 자신이 전생에서 누구였으며, 전생에서 이룬 일때문에 국가와 민족이 큰 고난을 겪었던 이치를 깨달으셨다면 그것만으로도 큰 성과라 하지 않을 수 없고, 이번 세상에서 무학대사의 경지에까지 이르기만 하면 그것으로 만족하실 줄 알아야 됩니다. 죄송합니다. 부처님께 설법을 한 셈이군요."
하고 나는 웃었다.

 전생에서 큰 사람이었다고 해서 후생에서도 반드시 큰 사람이 되는 것은 아니라는 뜻의 법칙을 보여 준 하나의 좋은 예가 아닌가 한다.

## 어째서 죽은 사람의 혼이 살아있는 사람에게 빙의되는가?

육체를 떠난 영혼은 생전에 자신을 보호해 주던 보호령들의 안내를 받아 유계(幽界)로 돌아간다.

유계로 돌아간 영혼만이 다시 인간으로 재생할 수 있고, 또한 유계보다 높은 곳인 영계(靈界)나 신계(新界)로 올라갈 수 있도록 수양하는 곳이 바로 유계이기 때문이다.

유계에서 수양을 쌓는 동안 유체는 완전히 발달하게 되고 스스로의 힘으로 우주의 생명력을 흡수할 수 있는 완성된 유체인간(幽體人間)으로서의 변모가 이루어지게 된다.

이렇게 유체인간으로서 완성된 존재는 새삼스럽게 남의 육체 속에 빙의할 필요도 없고, 혼자서 살아갈 수 있지만, 육체 속에서 조금 전에 빠져 나온, 이른바 죽은 자의 혼은 육체의 도움없이는 스스로 필요로 하는 생명력인 에너지의 공급을 받을 수 없는 미완성체인 유체인간이며, 또한 자기도 모르게 육체 속에 갇히기 쉬운(빙의되기 쉬운) 존재이다.

죽은 육체에서 빠져나온 망령(亡靈)이 살아있는 인간의 육체 속에 기생하는 빙의현상은 대체로 다음 몇가지 경우로 분류가 된다.

첫째는 죽은 사람에 대한 살아있는 가족들의 지극한 애착심이 육체 속에 빨려 들어가기 쉬운 미완성체인 유체를 몸 속으로 끌어들이는 경우이다. 아기, 또는 배우자의 혼이 빙의되는 경우이다.

다음은 원한을 가진 망령의 고의(故意)에 의한 빙의현상을 들 수가 있다.

빙의된 조상 또는 배우자의 혼이 자기 자신이 빙의한 사람의 보호령이 된 것으로 착각하는 경우가 있는데 나는 실제 경험을 통해서 이런 일을 수없이 겪은바 있다.

보호령인줄 착각을 하고 있는 빙의령은 본질적으로 선의를 지닌 존재이기에 쉽사리 제령이 되지만, 죽은 이에 대한 애착심과 죽은 사람의 살아있는 가족에 대한 애착심의 파장이 서로 맞아서 빙의가 된 경우는 두 편에게 다같이 우주의 법칙을 납득시켜서 천리(天理)를 따를 마음을 일으키게 하지 않고서는 제령은 힘이 들게 마련이다.

## 하나님은 정말로 존재하신다고 생각하는가?

대단히 어려운 질문이다. 내가 알기에는 하나님은 분명히 존재하신다.

당신은 자기 자신의 마음이 존재하고 있음을 인정하지만 그 마음이 육체의 어느 부분에 있는지를 모른다. 그러나 마음은 분명히 존재한다.

마음이 떠난 육체는 썩어서 흙의 원소(元素)로 되돌아 가지만 마음이 깃든 육체는 생기에 넘쳐 있다.

마찬가지로 하나님은 이 우주에 가득찬, 인간의 인식을 넘어선 하나의 거대한 사념(思念)인 것이다.

또한 하나님은 그를 받아들이는 사람의 능력에 따라 다른 형상이 될수 있는 분이라고 생각한다.

남양토인(土人)들이 생각하는 하나님은 검둥이일 것이고, 노인을 지혜로운 존재로 받들던 고대인(古代人)들에게는 하나님은 수염이 하얀 할아버지로서 인식이 되어 왔다.

그러나 온갖 생명의 근원이신 하나님이 늙는다는 것은 말도 안되는 이야기이다.

또한 하나님이 존재하지 않는다고 생각하는 이에게는 하나님은 전혀 인식할 수 없는 존재가 된다.

하나님의 가장 큰 특징의 하나는 바로 이 점이다.

상대의 인식 능력 한계 안에서 머무르시면서 우주의 모든 섭리를 관장하고 계시다는 점, 이것을 우리는 잊어서는 안된다. 하나님이 절대로 안계시다고 부정하는 것은 마치 자기의 마음이 존재하지 않는다고 하는 것과 같다.

하나님은 모든 곳에 계시고 또 생각하기에 따라서는 아무 곳에도 안계신 것 같지만 이 우주가 질서정연하게 운영되고 있는 것을 보면 하나님의 존재를 부정할 길은 없다.

나는 하나님을 끝없는 사랑과 끝없는 지혜, 무한한 힘, 이 세 가지 권능(權能)이 합쳐진 분이라고 믿고 있다.

이를 믿고 동조할 때, 사람들은 하나님 안에 자기 자신이 존재하고 있음을 깨닫게 된다.

자기 자신을 하나의 작은 파이프라고 하는 것도 하나님의 능력이 나타나는 작은 파이프라는 뜻이다. 여기서 신과 하나님에 대한, 여지껏 심령과학에서 밝혀진 사실을 소개해 볼까 한다.

우리가 알고 있는 이 대우주는 약 1천억개의 태양계가 모여서 하나의 은하계를 이루고 있고, 그러한 은하계가 대략 1천억개가 모여서 대우주를 이루고 있다.

진정한 뜻에서 창조주이신 하나님은 이 전체 우주를 창조하신 분이고, 은하계 책임자가 1급신(一級神), 태양계 책임자가 2급신(二級神), 각 행성의 책임자가 3급신(三級神), 각 나라의 책임자가 4급신(四級神), 각 나라의 지역구 책임자가 5급신(五級神)그 다음 보호령(또는 보호천사, 보호신장)이라는 이름이 붙는다.

보통 사람들이 서로 통신을 하는 것은 보호령에 지나지 않으며, 인간은 아무리 영능력이 뛰어나도 2급신(二級神)까지 밖에 영시(靈視)되지 않는다.

각자의 보호령은 이런 질서를 통해 3급신과 연결되어 있으므로 하나님의 파장과 간접적으로 접할 수 있을 뿐이다.

더구나 인간의 몸에 들어와서 무슨 신이라고 자처하는 것은 모두가 인간의 망령(亡靈), 또는 동물의 혼이 사칭한 것이고, 보호령만 해도 빙의되는 일은 절대로 없다.

## 사람은 다시 태어날 때 똑같은 개성을 갖게 되는가?

　우리가 얼른 생각하기에 죽은 사람의 영혼이 다시 태어난다면 똑같은 개성을 갖고 태어날 것 같으나 그렇지가 않다.
　만일 죽은 사람의 영혼이 다시 태어나는 과정에서 전과 똑같은 개성을 갖고 태어난다면 전생의 연장이 될뿐, 애써 죽었다가 다시 태어나는 의의(意義)가 거의 없다고 생각되기 때문이다.
　내가 알기에 사람의 영혼은 재생하는 과정에서 분령(分靈)도 하고, 또 저승에서 여러 영혼과 합체(合體)되어서 복합령(複合靈)으로 태어나기도 하지만, 그보다도 더 중요한 것은 재생하는 영혼에게 새로운 육체를 만들어 주는 부모가 그들의 개성과 육체적인 특징의 영향을 준다는 사실을 잊어서는 안된다.
　전생에서의 기억과 개성은 재생하는 인간의 잠재의식과 무의식, 또는 초자아(超自我) 속에 간직될 뿐, 나타난 개성은 육체를 부여해 준 부모의 성격을 고루 배합해서 물려받거나, 또는 어느 한쪽의 영향을 크게 받는다.
　그러나 생후 6개월에서 1년 사이에는 전생에서의 용모와 성격이 어느 정도 두드러지게 나타나는 것이다. 하지만 그 기간이 지나면 얼굴 모습도 바뀌고 전생에서의 개성도 무의식의 세계속에 숨어버리게 되는 것이다.
 나의 선친이 돌아가신 뒤에 막내딸로 재생한 경우를 보면 생후 1년까지는 전생에서의 마지막 모습과 같았었고, 나와 텔레파시로 대화까지 주고 받았으나 그뒤 1년이 지나면서 얼굴 모습도 바뀌었고 성격도 우리 부부의 개성을 많이 닮아가는 것을 관찰한 경우가 있었다.
 이것은 하나의 특수한 예에 지나지 않을지 모르지만, 임상 실험으로서는 매우 귀중한 자료라고 생각된다.
 완전히 우주의 진리로 다시 태어날 필요가 없어진 고급령이 자신의 뚜렷한 의지로 재생했다고 생각되는 많은 성인(聖人)들의 경우는 다시 태어날 때 거의 같은 개성을 갖고 태어나는게 아닌가 생각된다.

## 사람은 죽으면 어떻게 되는가?

 사람은 죽으면 그 육체는 화장을 하거나 매장되어서 결국 본래의 모습인 흙의 원소(元素)로 돌아간다. 그러나 육체 속에 깃들어 있던 영혼은 육체의 기능이 다해 죽음이 오는 순간 육체와 연결되어 있던 유체(幽體)의 고리가 끊어지게 되고, 그 순간 육체에서 이탈을 하게 된다.
 평소에 신앙심이 두터웠거나 심령학적인 지식이 풍부하여 미리 죽음에 대비했던 사람들에게는 곧 보호령(또는 보호천사, 보호신장이라고 함)이 나타나 저승인 유계(幽界)로 떠나게 된다. 그러나 그렇지 못한 경우에는 대개 48일 동안 그대로 방치된다.
 이 기간 동안에는 영혼은 비록 육체에서 이탈되었지만 저승에 간 것이 아니며, 이승에 그냥 남아 있게 된다.
 이때 살아있는 사람의 몸에 들어오면 빙의령이 되며, 유계(幽界)로 가서 심판을 받고 다시 재생(再生)할 수 있는 기회를 잃게 된다.
 무신론자(無神論者)였던 사람의 영혼이 산 사람의 몸에 들어오게 되면 대개는 자기가 죽었다는 사실을 모르게 되고, 죽기 직전의 상태가 영원히 계속된다. 따라서 간암으로 죽은 사람이 산 사람의 몸속에 들어와서 자기가 간암을 앓고 있다고 계속 생각하면 오래지 않아 빙의당한 사람도 같은 병을 앓게 된다.

죽음의 공포때문에 의식을 잃은 영혼은 기절한 상태에서 보호령들에 의해 유계(幽界)로 운반되고, 끝내 기절한 상태에서 심판을 받고 다시 보호령에 의해 재생의 과정을 밟는 경우도 많다.

이런 사람들은 주관적으로는 저승에 가본 일이 없기 때문에 다시 태어나도 여전히 무신론자로서 남아있게 마련이다. 이 보다 훨씬 진화(進化)된 영혼은 곧장 유계(幽界)로 가서 어느 기간 동안 그곳에서 생활한 뒤, 생전에 했던 일에 따라서 다시 재생(再生)하게 된다.

인간으로 재생된 영혼은 생후 6개월에서 1년 동안은 전생에 대한 기억을 간직한채 숨어 버리게 되어 기억을 못하게 된다.

물론 유계에서 곧바로 영계 또는 신계(神界)로 올라가는 영혼도 있다.

## 사람이 재생하는 것은 사실인가?

　사람이 죽은 뒤에 그 영혼이 다시 새로운 육체의 주인공으로 태어나는 것은 너무나 분명한 일이다.
　성인(聖人)들은 전생에서의 기억을 갖고 있다는 이야기가 있으며, 불타(佛陀)는 본생경(本生經)이라고 해서 무려 500생(生)에 대한 기록을 남기고 있다.
　성인이 아니더라도 보통 사람도 간혹 희미하게나마 전생에 있었던 일을 기억하는 수는 많다.
　처음 가본 곳인데 낯이 익은 곳이라든가 처음 만난 사람이 어디서 많이 본것 같이 느껴지는 경우는 우리가 흔히 경험하는 일이다.
　전생에서의 육체적인 특징, 이를테면 허벅지에 붉은 반점이 있었다든가 하는 것을 증거로 갖고 태어나는 경우도 많다.
　교통사고로 죽은 아들이 어머니의 꿈속에 나타나서 '나는 다시 어머니의 아들로 태어날 거예요' 하고 말한 뒤 태기(胎氣)가 있어서 아들을 낳았더니 그 모습이 죽은 아이와 같다는 이야기를 외사촌 누이동생에게서 들은 일이 있다.
　남자들 끼리 동성애(同性愛)를 하는 경우를 보면, 반드시 한

쪽이 여자 구실을 하게 되는데, 그것은 그가 전생에서 여자였다는 증거가 아닌가 싶다. 여자들의 동성애의 경우도 마찬가지라고 보면 틀림없다.

사람이 다시 태어나는 데는 그럴만한 이유가 있다.

첫째는 누구나 깨닫고 죽는 것이 아니기 때문에 이승에 대한 미련이 있게 마련이다. 또 가족이나 가까운 사람들의 죽은 사람에 대한 애착도 재생의 원인이 된다.

본인 자신의 이승에 대한 미련과 가까운 사람들의 애착이 인간의 영혼을 다시 이승으로 불러오는 두가지 힘이 아닌가 한다. 그래서 재생하지 않는 것을 수도(修道)의 궁극적인 목적으로 삼고 있는 불교에서는 엄격한 훈련을 통하여 오욕(五慾)과 108번뇌를 끊어서 이승으로 다시 태어나는 동기를 없애려고 한 것이 아닌가 한다.

많은 재생을 통하여 우주의 진리를 완전히 깨달은 영혼이나 이승에서 아주 큰 일을 해서 더 이상 태어날 필요가 없어진 영혼들은 개인의 보호령인 토지신(土地神) 또는 나라의 수호신이 되어 다시 인간으로 태어나지 않는 것이다.

## 식물이나 동물에게도 영혼이 있는가?

　식물이나 동물에게 영혼이 있는가 없는가? 하는 질문에 대해서 대답하기 전에 인간의 영혼에 대한 보충 설명부터 하는 게 좋을 것 같다.
　지난 100년 동안 심령과학이 연구해서 밝혀놓은 바에 의하면 인간의 육체에는 삼혼칠백(三魂七魄)이 깃들이고 있으며 이 가운데 삼혼(三魂)이란 사혼(思魂)·언혼(言魂)·황혼(荒魂)을 뜻하며 칠백(七魄)은 육체의 일곱가지 중요한 기관의 작용을 맡고 있고, 사혼은 생각하는 능력, 언혼은 말하는 능력, 황혼은 생명력을 맡고 있다고 했다.
　또한 영(靈)은 영체(靈體)가 거의 발달되어 있지 않은 보통 사람의 몸에는 깃들이지 않고 있으며, 평상시에는 영계(靈界)에 거주하고 가끔 영감(靈感)의 형태로 찾아 올 따름이다.
　심신의 수련이 극치에 달하여 영체(靈體)가 완전히 발달된 영각자(靈覺者)와 기독교에서 말하는 이른바 성령(聖靈)을 받은자, 불교에서 말하는 각(覺)한 자에게는 진아(眞我)인 영이 항상 몸에 깃들 수 있는 것이다.
　우리 한국과 일본이 바다를 사이에 두고 따로 떨어져 있으나 그 밑은 해저(海低)에서 하나로 연결되어 있듯이 각자의 영, 즉 진아(眞我)는 모두 하나로 맺어져 있으며, 또한 우주의식 속에 포함되어 있는 것이다.

식물이나 동물에게도 물론 혼은 있다. 또한 영도 있다고 보아야 할 것이다. 식물이나 동물이 대체로 대자연의 법칙대로 사는 것으로 보면 그들이 보편적인 우주의식과 연결되어 있음을 알 수가 있다. 그렇다면 인간과의 차이는 무엇인가 하는 의문이 생겨 난다.

식물과 동물은 인간보다는 덜 진화된 상태에 있는 혼을 가진 상태에 놓여 있다고 보아야 할 것이다. 죽은 사람들이 보내 온 믿을 만한 영계 통신에 의하면, 유계와 영계에도 동물과 식물이 있다고 했다.

식물과 동물이 사람에게 먹힘으로써 그들은 자기 희생에 의한 봉사를 하게 되어 그것이 진화하는 방법이 아닌가 한다.

인간이 죄를 지어 동물의 육체에 깃들여서 속죄를 함으로써 다시 인간으로 언젠가는 환원할 수 있는 것도 같은 이유에서이다.

## 남자가 여자로 태어나거나 여자가 남자로 재생하는 경우도 있는가?

이같은 일은 아주 많다고 본다.

남자로서 아내를 비롯하여 많은 여성들을 괴롭히고 아무런 반성도 없었던 사람들은 자타여일(自他如一)이라는 우주의 진리를 배우기 위하여 틀림없이 다음에는 여성으로 태어나게 된다.

자녀와 남편의 외도때문에 몹시 고통을 받는 부인들의 전생을 영사(靈査)해 보면 거의 전부가 전생에서는 남자였고, 현재의 남편이 전생에서는 그녀의 부인이었음을 알 수 있다.

이런 사실을 깊이 깨닫고 뉘우칠때 그 부인은 남편을 원망하지 않게 되고, 여자다운 따뜻한 마음으로 돌아갈 수가 있고, 그렇게 되면 그녀는 속죄가 끝나는게 아닌가 싶다.

왜냐하면 대개의 경우 부인의 태도가 바뀜에 따라 그 가족들의 부인에 대한 태도가 달라지게 마련이고, 남편도 다시 가정으로 돌아오는게 대부분의 경우이다.

반대로 전생에서 여성으로서 모든 고난을 겪을 대로 겪은 나머지 남자가 되기를 간절히 원한 여성들은 대개 재생되는 과정에서 남자가 되는게 아닌가 한다.

남자이면서도 여자와 같은 외모와 성격, 또한 여자와 같은 영덩이가 큰 남성들은 여자가 남자로 태어난 경우라고 생각하면 무방할줄 안다.
 또한 세번째 경우는 전생에서 여성으로 행복한 생활을 했기에 다시 태어나도 여자가 되고 싶다고 생각한 사람들은 여자로 다시 태어나지 않나 생각한다.

망자의 육체에서 이탈되는 혼과 연결된 유체(幽體)

## 사람이 동물로 태어나거나 동물이 사람으로 될 수도 있는가?

사람의 혼이 동물의 육체 속에 깃들여 태어난다고 하기 보다는 동물의 혼은 따로 존재하고, 사람의 혼이 동물의 육체에 빙의되는 것이라고 해석하는게 옳다.

전생에서 개를 많이 죽인 사람의 혼이 다시 재생할 때 개의 몸에 빙의되어서 태어나게 되고, 그 개가 사람에게 먹힘으로써 다시 인간에게 빙의된 예를 나는 수없이 경험했다.

인간의 혼이 동물의 육체에 빙의되는 것은 어디까지나 전생에서의 잘못 때문이며, 따라서 그는 전생에 인간이었다는 의식을 그대로 갖게 되는 것이다.

인간의 혼이 덜 진화된 동물의 몸에 깃들여 산다는 것은 마치 교도소에 갇혀 있는 사람과 같으며, 대개의 경우는, 이런 상태를 만든 자기 자신의 과거의 행동에 대해서 후회를 하게 마련이다.

이 우주를 지배하는 법칙은 크게 나누어서 인과율(因果律)과 자타여일(自他如一), 공존공영(共存共榮)의 세가지이다. 자기의 잘못을 완전히 깨닫고, 속죄 행위가 끝나면 동물이나 식물에 빙의되었던 인간의 혼은 다시 인간으로서 재생되는 것이다.

선량(善良)하기 이를데 없는 사람들은 대체로 이런 과정을 전부 마스터한 사람들이다.

반대로 동물이 더 이상 동물로서 태어날 필요가 없게 되어 인간으로 진화되어 인간이 되는 경우가 있다.

식물과 동물의 혼이 인간으로 재생한 경우에는 대체로 항상 소외감을 갖게 되고, 보통 사람보다는 영감(靈感)이 발달된 특징을 갖는다.

배우라든가 가수들은 동물령이 인간으로 진화되어서 인간 사회에 봉사를 하는 경우가 많다.

과거에 높은 자리에 있었던 사람들이 그때 저지른 죄를 속죄하기 위해 배우나 가수가 되는 경우도 많다.

많은 성직자들 가운데서도 동물령이 인간으로 진화된 경우도 있다.

그들이 사회생활이나 결혼생활에 잘 적응을 못하는 것도 낯선 곳에 온 존재이기 때문이다.

## 인간의 혼이 여럿으로 갈라져서 다시 태어나는 경우도 있는가?

물론이다. 인간의 혼이 죽었다가 그대로 재생하는 것으로 알고 있는 것은 분명히 잘못된 생각이다.

우리가 거듭 태어나는 것은 이 우주의 진리를 완전히 깨달아서 육체나 유체 또는 영체까지도 벗어버리는 상태에서 개성을 지닌채 우주대령(宇宙大靈)과 하나가 되는 것이 목적이다.

때문에 끝없는 분령(分靈)을 한 뒤에 죽으면 다시 합해져서 지혜로운 존재가 되기 위하여 인간의 혼은 분령현상(分靈現象)을 일으켜 여러 사람으로서의 경험을 얻을 필요가 있는 것이다.

이 지구 위에 살고 있는 사람은 모두 다른 얼굴을 갖고 있고, 한 사람도 같은 사람은 없는 것 같지만 그렇지가 않다.

국내 배우와 똑같은 용모에다가 비슷한 성격을 가진 미국 배우들을 우리는 얼마든지 찾아볼 수가 있다.

또 한 사람의 위대한 지도자가 나타났을때, 그의 분령(分靈)들은 자기도 모르게 파장(波長)이 같으므로서 그 지도자에게 생명력을 공급해 주게 되고, 본인 자신은 낙후된 생활을 해야만 하는 경우도 많다는 것을 나는 직접 체험한 바가 있다.

이것은 마치 집안에 설치된 수도관에서 어느 한 수도꼭지에서 물을 많이 쏟아내면 다른 수도꼭지에서는 물이 덜 나오는 것과 같은 이치이다.

이런 경우, 그런 지도자가 죽게 되면 그 순간, 그에게 자기도 모르게 생명력을 공급해 주고 있던 사람들은 다시 기운을 차리게 된다.

이런 현상을 나는 많이 보아 왔다.

어느 분야에서든지 큰 일을 하는 사람은 자기의 분령들로서 사람으로 태어난 분신들의 많은 도움을 받고 있다는 것을 알아야 하며, 그들에게 감사하는 마음을 가져야 된다고 본다.

인간은 어디까지나 육체적인 존재일뿐, 숨을 거두는 순간에 모든 의식은 소멸된다는 생각이 있고, 또 인간에게는 혼이 있으며 육체가 죽은 뒤에도 혼은 새로운 육체를 갖고 재생한다는 생각이 있지만, 혼이 육체가 죽은 뒤에 분령을 해서 여러 사람으로 태어난다는 것은 아직까지는 하나의 가설일뿐 정설은 아닌 것이다.

## 여러 사람의 혼이 집단으로 하나가 되어서 태어나는 경우도 있는가?

재생(再生)하는 목적이 같은 영혼들끼리 유계(幽界) 또는 영계(靈界)에서 하나로 합체가 되어서 한 육체에 깃들여 태어나는 경우가 있다.

흔히 섹스피어는 만인(萬人)의 마음을 가진 사람이었다는 말을 듣는다. 대문호(大文豪)에 속하는 사람들도 역시 한 몸에 많은 혼이 깃들여서 태어난 사람들인 것이다.

어디 문학가 뿐이랴. 나라를 크게 일으킨 대정치가, 뛰어난 성격 배우들, 레오날드·다빈치나, 토마스·에디슨 같은 사람들, 다시 말해서 인류 문명의 수레바퀴를 돌린 위대한 인물들은 모두 한결같이 복합령을 갖고 태어난 사람들이라고 보는게 정확하다.

어떤 사람들은 그렇게 말할지도 모른다. 다양한 재능과 복합한 성격은 다른 사람들보다 더 많이 재생을 했기에 얻어진 결과일 것이라고. 물론 그 말도 틀리는 것은 아니다. 그러나 그 보다는 인간의 혼이 나누어 질 수 있는 것이라면 그 반대 현상도 가능하다고 보는게 옳을 것 같다.

전혀 모순된 성격과 재능을 가진 사람들의 경우를 볼 때, 그들의 혼이 복합령이기 때문이라고 생각하면 얼른 납득이 가지 않는가.

나의 경우만 보아도 전혀 반대되는 성격들이 한 몸안에 존재하고 있음을 항상 느끼며 살고 있다. 소설을 써 온 마음과 현재의 심령능력자는 같은 몸이긴 하나 전혀 다른 마음인 것이다.

작가로서 활동하던 40대 이전의 나는 단 한번도 의사가 되겠다든가, 심령과학도가 되리라는 꿈을 가져 본 일이 없었다.

작가로서, 출판업자로서 성공을 하지 못한 데는 오늘날의 나를 움직이는 전혀 다른 마음이 분명히 제동을 걸었기 때문이라고 생각한다.

지금의 나를 두고 보면, 작가로서 수련을 해서 얻은 문필가로서의 능력이 심령능력자를 위해서 활용되고 있는 경우이며, 그 전에는 초자아(超自我) 속에 깊숙히 숨어 있던 마음의 주인공이 되어서 40대 이전의 나의 개성은 완전히 그 지배아래 놓여 있는 상태인 것이다.

이때문에 갈등도 많았지만, 현재는 과거의 개성에 복종하는 형태로 남아 있는 상태이다.

## 사람에게는 누구나 보호령, 배후령, 수호령이 있는가?

　사람에게는 누구나 세분 이상의 보호령이 있다. 보호령이란 육체를 가진 인간으로 다시 태어날 필요가 없어질 정도로 진화된 영혼으로서 유체와 영체가 발달하여 자기 자신이 직접 우주에 편재되어 있는 생명력을 흡수하여 에너지 대사작용을 함으로써 인체에 빙의할 필요가 없어진 유체인간(또는 영체인간)인 것이며, 본인의 조상들 가운데 한명, 직업을 지도해 주는 분이 한분(그는 생전에 같은 직업에 종사했던 분이라고 보면 무방하다), 그리고 또 한분은 이들 두 보호령을 지도하는 분, 이렇게 세분이 보호해 주는 것이고, 이 보호령들은 본인이 거주하는 고장의 토지신(土地神)의 관할아래 있는 것이다.
　배후령(背後靈)은 일본의 심령과학협회의 A부인이 배후에서 지켜준다는 의미로 우리의 주위에서 그 인간을 지켜주고 있는 영혼들에게 붙인 이름이다. 인간뿐 아니라 단체나 사회를 지켜주는 영혼들도 마찬가지 이름으로 부른다.
　배후령들은 또한 그 자체가 큰 단체를 이루는 경우도 있는데, 이런 때는 배후령단(背後靈團)이라고 부른다.
　우리가 사회생활을 새로 시작했거나 단체를 새로 만들었을 때

흔히 고사를 지내는데, 이것은 본인의 보호령과 배후령단에게 신고하는 것으로 생각하고 행하면 더 큰 도움을 받을 수 있다.

수호령은 수호천사(守護天使) 또는 수호신장(守護神將)이라고도 부른다.

배후령단의 중심이 되는 영(靈)으로서 대체로 300~700년 전에 세상을 떠난 조상의 영혼인 경우가 많다.

수호령은 그 인간 생애의 긴 기간에 걸쳐 가장 큰 영향을 끼치는 존재로서, 그 인간은 자기의 수호령과 비슷한 일생을 보낸다고 말해지고 있다.

지도령(指導靈)은 배후령단에 속하며, 그 사람의 직업, 취미, 특기 등을 지도해 주는 영혼이다.

생전에 같은 직업이었거나, 같은 취미를 갖고 있었던 영혼이 많으며, 국적과는 아무 관계가 없다.

이것은 외국인이었던 영혼도 지도령이 될 수 있다는 뜻이다.

### 많은 학자들이 멀지 않아 인류는 자원 부족과 각종 공해로 멸망할 것이라고 하는데 ······

물론 현재의 상황이 그대로 계속된다면 인류는 틀림없이 멀지 않은 장래에 멸망할 것으로 생각된다.

자원 부족을 달리 해결할 수 있는 방법도 없을 뿐더러 날로 심해 가기만 하는 각종 공해가 인간뿐 아니라 지구의 모든 생명체들을 좀먹고 있는 현실을 우리는 결코 외면할 수 없기 때문이다.

이미 거의 모든 종교들은 지구 위에서의 인류의 종말을 받아들이고 있는 것이며, 또 다시 죽은 뒤의 영혼의 구제를 외치고 있는 것이다.

하지만 살아서 구제받지 못한 인류가 죽어서 천국에 갈 수 있다는 것은 어딘가 모순이 많다.

살아있는 상태에서 전인류가 사악(邪惡)한 마음을 버리고 선(善)해질 수 있는 방법만 있다면 인류는 절대로 멸망하지 않고 살아남을 수 있다고 본다.

최근에 일어나고 있는 이란 사태를 보면 소위 알라신을 믿는다는 사람들이 죄없는 사람들을 인질로 하는 따위의 범죄 행위를 국가의 이름으로 서슴치 않고 자행, 그것을 이용하여 자기 나라의 이익을 추구하는 행동을 한다는 것은 천인공노할 일이다.

　이것이 성공한다면 앞으로는 어느 나라의 대사관도 안전하지는 못할 것이다.

　또한 하늘이 준 축복인 석유를 갖고 무기화(武器化)하여 세계 사람들을 괴롭히는 행위도 결코 저들이 믿는 알라신도 기뻐하지 않을 것이다.

　이미 쫓겨난 왕에 대해서 암살 지령을 내리는 따위도 엄격한 범죄행위인 것이다.

　아마 오래지 않아서 이런 행동을 일삼는 이들에게는 어떤 형태로든 하늘의 심판이 내려질 것으로 생각된다.

　인류가 진정 구원을 받으려면 우선 인간 자신의 정체가 무엇이며, 살아가는 목적이 무엇임을 정확하게 파악하여 옳은 인생관과 세계관, 우주관을 정립해야 된다고 본다.

## 인간이 육체적, 심령적으로 진화될 수 있다고 보는가?

물론이다. 델피의 신전(神殿)에는 '그대 자신을 알라!'는 말이 새겨져 있다.

가장 중요한 것은, 우리 인간의 정체가 무엇이며, 왜 우리는 태어났는가? 인간이 거듭 태어나서 살아가는 삶의 목적은 무엇인가를 아는 것부터 시작되어야 한다고 생각한다.

심령과학에 대한 많은 저서가 큰 도움을 주리라고 생각한다. 내가 알기에는 현재의 인류는 하나의 생명체로서 완전히 발달되지 못한 미완성체인 육체와, 영혼을 가진 이를테면 보다 진화된 현재의 인간 이상의 존재가 볼땐 아직 철부지 어린아이에 불과하다고 생각한다.

인간의 육체는 약 1천억 개의 세포로 이루어져 있고, 뇌세포만 해도 150억개 가량 된다고 하는데 우리는 그 많은 뇌세포의 극히 일부분 밖에 쓰고 있지 않은 것이다.

오늘의 인간은 육체속에 깃들인 유체나 영체가 아주 퇴화하여 제대로 발휘하지 못하고 있는 것이다.

여러가지 특수한 훈련과 옴 진동수 장기복용에 의해 유체와 영체를 발달시키면 150억개의 뇌세포가 전부 기능을 다하게 되고, 그렇게 되면 인간은 지금의 어린이와 같은 상태에서 벗어나서 우주의식과 하나가 될 수 있는 어른으로 성장될 것이다.

우주 의식과 하나가 된 진화된 미래인들은, 자연히 이 우주에는 많은 생명들이 존재하고 있으며, 그 생명들은 우주의 근원적인 대생명을 나무로 해서 뻗어난 작은 가지들이라는 사실을 깨닫게 될 것이고, 공존공영(共存公營), 자타여일(自他如一)의 사상을 자연히 체득하게 될 것이다.

그 단계에 이르면 이미 우리 지구 위에는 세계연방이 성립되고, 더 이상 투쟁이 없는, 전세계가 합리적으로 관리되는 지상낙원이 이루어질 것이다.

또한 인류는 그 요람이었던 지구에서 해방되어 은하계 연방(銀河系連邦)의 일원이 되어 4차원 문명을 이룩하게 될 것이리라.

## 이승과 저승은 어떻게 다른가?

누구나 알다시피 이승이란 우리들이 살고 있는 물질세계(物質世界)를 말한다.

첫째로 이곳에는 시간이라는 것이 있어서 과거에서 현재로, 또 미래로, 시간은 일방적으로 흘러가기 마련이다.

누구나 항상 현재에 존재할 뿐, 과거로 돌아갈 수도 없고, 또 미래로 갈 수도 없는게 이승이다.

1800년도 초에 태어난 사람은 하나도 존재하지 않으며, 지금 이 순간 2000년에 태어날 사람들은 단 한명도 존재하지 않는게 이승이기도 한다.

다시 말하면 시간으로 엄격한 테두리가 정해져 있는게 이승이라는 이야기다. 그러나 사람들은 서로 뜻이 맞지 않아도 부모 자식이 될 수 있으며, 부부가 될 수도 있는 것이 이승이라면 저승은 그렇지가 않다.

서로 뜻이 맞는 사람들끼리 모여 살 수도 있는게 저승이고, 5000년 전에 죽은 사람도 어제 죽은 사람도 또 아직 태어나 본 일이 없는 사람들도 뜻만 같으면 서로 만날 수 있는게 저승이라고 한다.

이것을 보면 저승은 시간이 존재하지 않는 세계임을 알 수가 있고, 서로 모두가 텔레파시 능력이 있는 점이 테레파시 능력이 없고 언어를 의사소통의 방법으로 쓰는 이승과는 전혀 다른 세계라고 할 수 있다.

또한 무엇보다도 다른 것은 이승은 물질과 마음이 한데 섞여 있는데 비해 저승은 마음만이 존재하는 세계라는 것이 큰 차이점이 아닌가 생각된다.

## 현대의학에서 난치·불치병들을 완쾌시키지 못하는 이유는 무엇인가?

　현대의학에서는 육체가 곧 인간이며, 정신이란 육체가 건전하게 작용할 때 존재하는 현상에 지나지 않는다고 보는게 일반적인 견해이다.
　따라서 육체를 지배하고 있는 일종의 전자파 생명체인 영혼을 실재하는 존재로서 인정하지 않고 있는 것이다.
　따라서 현대의학에서는 죽은 사람의 시체도 살아있는 사람과 별로 다를게 없는 인간이라고 생각하고, 또 살아 있는 사람을 두고 임상시험을 하는 것은 금지되어 있다.
　그러나 사실은 죽은 사람의 시체란, 인간의 본질이며 주인공이었던 영혼인 전자파 에너지 생명체가 이미 빠져나간 빈 그릇일 뿐 결코 인간 자체는 아닌 것이다.
　죽은 사람의 신경(神經)은 전혀 작용하지 않으며, 또한 신경을 움직이던 경락은 소멸된 상태이다.
　따라서 영혼이 이미 빠져나간 시체를 갖고 신경조직의 비밀을 알아낼 수 있는 방법은 없다.
　또한 현대의학에서는 영혼이 독립된 생명체라는 사실을 전혀 인정하지 않기 때문에 빙의령때문에 생긴 질병에 대해서는 전혀 속수무책인 것이다.

　오늘날 대부분의 난치병과 불치병은 빙의령때문에 생기는 질병이기 때문에 현대의학에서 치유시키지 못함은 지극히 당연한 일이다.

　인간의 완전한 정체를 규명하지 못하는 한, 현대의학은 절름발이 상태를 앞으로도 면하기 어려울 것이다.

　또한 각종 공해물질이 몸 안에서 축적되고, 유독가스로 인한 각종 난치병에 대해서도 신경조직의 비밀을 완전히 알아내지 못하는 한 역시 오늘날의 의학은 무력한 상태를 면키 어렵다.

　인간의 본질을 과학적으로 완전히 밝혀내는 날 인간은 우주의 비밀을 거의 다 알게 될 것이고, 오늘날의 3차원 과학은 4차원의 과학문명기로 접어 들게 될 것이다.

영능자 B씨의 영시로 나타난 물에 투신 자살한 망인의 원령 (怨靈)

# 제3부
# 난치병과 영능자

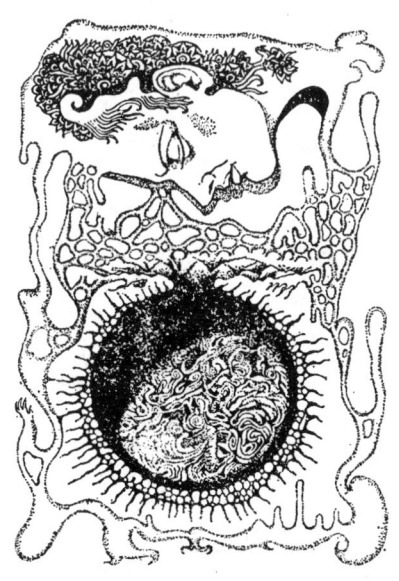

# 어느 목사님의 이야기

　도저히 현대의학으로서는 치유가 불가능에 가까운 난치병 환자들이 세상에는 많다.
　20년 된 고질적인 축농증이라든가, 좋아지지도 않고 그렇다고 악화해서 얼른 죽지도 않는 결핵·간질·관절염 등.
　이런 난치병 환자들 가운데에는 체질개선 시술을 받음으로써 그 완고하던 질병에서 해방되었을 뿐만 아니라 뛰어난 영능력자로 변모된 예가 많다.
　하늘이 훌륭한 영능력자로 길러내기 위한 호된 시련이었다고나 할까. 그런 이야기들을 몇가지 소개해 볼까 한다.
　어느 해 초여름이었다.
　하루는 서울에서 멀리 떨어져 있는 어느 낙도(落島)에서 작은 교회를 맡아보고 있는 박성도(朴聖道) 목사님으로부터 전화가 걸려 왔다.
　심령과학 씨리즈를 읽고 깊은 감명을 받았다고 하면서 한번 찾아가도 좋겠느냐는 전화였다.
　나는 본시 창조주(創造主)가 계심을 믿을 뿐, 그밖은 초종파 주의자(超宗派主義者)이기 때문에 누구에게나 문을 열어 놓고 있는 처지였다.

물론 쾌히 승락을 했다.

며칠후 박성도 목사가 나를 찾아 왔다. 체구가 자그마한 여윈 몸매에다 안경을 쓴 분이었다.

서로 인사가 끝나고 자리에 앉았다. 나는 늘 하는 대로 별 생각없이 박목사에 대해 영사를 했다. 영사를 하고 소스라치게 놀라지 않을 수 없었다.

그는 전생이 기독교인으로서 성인급(聖人級)에 속하는 거성(巨星)이었기 때문이었다.

물론 한국인은 아니고, 외국인이었다. 누구라고 하면 누구나 믿기가 어려운 그런 사람인게 분명했다.

나는 혹시 영사를 잘못한게 아닌가 했으나 그렇지는 않았다.

"저는 목사로서 오랫동안 낙도에서 일해 왔습니다. 좋지 않은 기후 속에서 일한 탓인지 축농증을 벌써 20년째 앓고 있습니다. 두번이나 수술을 받았는데 재발을 했고, 또한 다발성 관절염 때문에 지금껏 고생을 하고 있고, 눈도 심한 난시(亂視)여서 안경 없이는 다니지를 못합니다. 이런 질병들도 체질개선 시술을 받으면 치유될 수 있을까요?"

"네, 목사님의 경우는 다른 사람들과는 달라서 순전히 심령적인 원인에서 생긴 병인게 분명합니다. 우선 목사님은 당신이 누구였는지를 모르고 계실 뿐더러 아직껏 우주의 진리에 대해서 바로 보고 계시지를 않습니다. 이것이 난시가 된 원인이죠. 축농증은 남모르게 가슴속에 간직하고 있는 하나님께 대한 불만 탓입니다. 관절염은 하느님이 이미 능력을 주셨는데 신도들을 위하여 베풀지 않기 때문에 몸안에서 이변(異變)이 일어난 때문입니다. 이른바 성령(聖靈)의 힘이 들어와 있는데 그 힘을 쓰지 않기 때문에 생긴 병이라고 생각됩니다."

나는 여기서 잠시 말을 끊었다가 박목사에 대한 영사 결과를 이야기 해 주었다.

그도 몹시 놀라는 표정이었다.

"이것은 육체 인간인 안동민이가 하는 이야기로 들으셔서는 안될줄 압니다. 박목사님의 보호천사가 저를 통해서 알려드리는 이야기로 들으시면 틀림없을 것입니다."

그 말을 하는 순간, 나는 온 몸이 찌르르해짐을 느끼지 않을 수 없었다.

나중에 들으니 박목사도 똑같은 이상한 충격을 받았노라고 했다.

"체질개선 시술을 지금 해드리면 목사님은 이 자리에서 그 세가지 난치병에서 해방될게 분명합니다. 원인이 심령적인 것인 만큼 박목사님이 깨닫는 것이 첫째고, 시술은 그동안 막혀 있었던 신경회로를 뚫어 주는데 지나지 않는 것입니다. 아마 어쩌면 내일부터 시술 능력이 생기기가 쉬울 것입니다. 신중을 기하기 위해서 능력이 생겼는지 여부는 가족들을 상대로 실험해 보도록 해보십시오."

이날 나의 예견대로 박목사에게는 기적이 일어났다. 나의 확신과 그의 믿음의 싸이클이 완전히 일치된 때문이 아닌가 싶었다.

20분에 걸쳐 체질개선 시술을 받고 자리에서 일어난 박목사는 이미 조금 전의 그가 아니었다.

난시 교정 안경을 쓰니 오히려 어지러웠고 머리가 아프다고 했다. 안경을 벗고도 모든 것이 정상으로 보였고, 축농증과 관절염 증세도 말끔이 가신듯 했다.

그동안 수많은 사람들을 체질개선시켰지만 이런 일은 나로서 처음 겪는 일이어서 감격스러운 일이 아닐 수 없었다.

그날 우리는 앞으로 해야 할 일들에 대해서 많은 이야기를 나누었다.

종파(宗派)를 초월해서 공해때문에 멸망의 길로 접어든 인류를 아주 적은 수효만이라도 체질개선 시술로 살아남을 수 있게 해야 한다는데 박목사는 나와 완전한 의견 일치를 보았다.

그뒤로부터 이틀 뒤가 아니었던가 한다.

박목사에게서 다시 전화가 걸려 왔다.

집안 식구들에게 체질개선 시술을 했더니 한결같이 놀라운 성과를 얻었다고 했고, 우체국장이 고혈압으로 쓰러져서 거동을 하지 못했는데 한번 시술로 출근할 수 있을 정도로 병세를 호전시켰다는 이야기였다.

박목사는 그뒤 일주일에 한번씩 나를 찾아와서 그동안 지난 일들을 알려 주곤 했다.

섬의 우물에 진동을 넣어서 진동수를 만들었고, 그 우물물을 마시고 많은 병자들이 회복되었다는 이야기는 특히 감명깊었다.

"두 우물에 진동을 해주었는데 한 우물이 변했다는 소식이 알려진 후에, 두번째 우물도 진동을 하고나자 마을 사람들이 수없이 몰려 들어서 그 자리에서 우물은 바짝 말라버렸고 그뒤 솟은 물은 전과 같았습니다."

하고 박목사는 크게 웃었다.

박목사님의 초인간적인 행적은 주위에 큰 파문을 던졌고, 급기야는 기독교의 정식 목사로서 이단(異端)이 아니냐는 비난도

듣게 되었노라고 했다.
 처음에는 나로부터 여러가지 교육을 받았던 박목사가 몇달이 지나자 이번에는 반대로 나에게 여지껏 몰랐던 일을 가르쳐 줄 정도로 발전이 되었다.
 그중 한가지 예를 소개해 볼까 한다.
 하루는 박목사가 나를 찾아 와 이런 이야기를 들려 주었다.
 "남편은 고혈압이고 부인은 심한 당뇨병을 앓고 있는 부부가 있었는데 영사를 해보니까 이들의 잠자리에서의 위치가 잘못되어서 에너지의 역류(逆流)현상이 일어나고 있는게 그 원인인 것 같더군요."
 "어떻게요?"
 "남편은 왼쪽에, 아내는 바른 쪽에 자는게 정상인데 이들은 그 반대였지요. 잠자는 동안 남편에게서 플러스 에너지가 아내에게로 흘러야 하는데 그 반대였으니까 병이 생길 수 밖에요."
 박목사에게서 이 이야기를 듣는 순간 나는 무릎을 쳤다.
 부부 관계란 본시 생명 에너지의 교류(交流)현상이라는 것, 남자에게 남아 돌아가기 쉬운 플러스 에너지를 여자에게 배급해 주고 여자에게 남아 돌기 쉬운 마이너스 에너지를 대신 공급받아서 그 결과 정신과 육체의 균형을 유지시켜 주게 된다는 사실을 전부터 알고 있긴 했지만 잠자리에서의 눕는 위치가 달라짐에 따라서 '생명 에너지'의 역류현상이 일어나고 그런 현상이 장기간 계속되면 부부가 다 같이 병들게 된다는 것을 박목사에게서 듣고 처음으로 알게 된 사실이었다.
 또한 이것은 나 자신에게도 해당되는 일이기도 했다. 막내가 태어난 뒤로 어느덧 우리 부부는 잠자리의 위치가 달라져 있었고, 그때문인지 나는 자고 난 뒤에도 언제나 몸이 개운치 않은 느낌이었고, 아내는 코밑이 항상 종기 비슷한 것이 나서 없어지지 않았다.

그날부터 잠자리의 위치를 바꾸었더니 불과 열흘만에 아내의 코 밑의 부스럼이 자취도 없이 사라졌고 상쾌치 못했던 기분도 깨끗이 없어졌다.

옛부터 남좌(男左) 여위(女右)라고 한 말이 분명한 근거가 있는 이야기임을 박목사 덕분에 깨닫게 된 셈이었다.

박목사의 영적인 진화는 실로 놀라운 바가 있었다.

일주일에 한번씩 박목사를 만나는 것이 나에게는 생활의 한 큰 보람이 되었다.

이렇게 두어달이 지난 뒤였다.

박목사의 소개로 나에게서 체질개선 시술을 받은 K장로라는 사람이 하루는 나를 찾아와서 자기가 속해 있는 교회연합회가 대천에서 연수회를 개최하는데 전국 교역자들이 모이니 출장을 와서 '체질개선의 원리'에 대한 세미나를 해줄 수 없겠느냐는 청을 했다.

처음에는 나도 가볼까 했으나 다시 조용한 마음으로 생각해 보니 이 자리는 내가 나설 자리가 아니며, 박목사로 하여금 대리로 세미나를 열게 하는 것이 좋겠다는 결론을 내렸다.

그대신 나는 체질개선의 원리에 대해서는 박목사와 대담 형식으로 녹음을 해서 그 녹음 테이프를 보내기로 했다.

"전국 교회의 교역자들 앞에서 체질개선의 원리를 설명하고 실습해 보일 수 있는 좋은 기회라고 생각됩니다. 박목사님이 터득한 능력을 선보일 수 있는 다시 없는 좋은 기회니까 최선을 다해 보십시오."
하고 세미나에 떠나기 전 나를 찾아 온 박목사를 격려하는 것을 잊지 않았다.

세미나가 끝난 뒤 박목사가 나를 찾아 와 알려 준 이야기 가운데에는 실로 놀라운 사실들이 많았다.

낮에 다른 사람의 강연에 참석했던 박목사가 왜 그런지 숙소로 돌아가고 싶은 강렬한 충동을 느껴서 돌아와 보니 손님 한 사람이 아무도 없는 방 안에서 급체하여 몹시 고통을 받고 있더라는 것이었다.

박목사가 손을 대자 곧 가라 앉았는데, 그날 밤 12시가 다 되어 또 교회의 총책임자가 갑자기 급체해서 사경(死境)을 헤매게 되었다는 것이었다.

박목사는 그 사람의 머리 위에 손을 얹고 기도를 한뒤 시술했더니 순식간에 가라앉았다는 이야기였다.

"낮에 같은 종류의 병을 앓은 환자를 치유시킨 경험이 없었던들 저는 감히 총책임자의 머리에 손을 얹고 기도를 하지는 못했을 것입니다. 말단 교회의 이름없는 목사의 신분으로 총책임자의 머리에 손을 얹고 기도했다는 것은 우리 교회 역사상 일찌기 없던 일입니다."

또한 J교회의 장로 한 사람이 중풍으로 고생하고 있었는데 왜 그런지 이 사람에 대해서는 체질개선 시술을 할 마음이 안 생기더라는 것이었다.

"박목사님은 벌써 세번이나 저를 뒤로 미루셨습니다."
하고 몹시 섭섭해 한 그 사람이 불과 30분 뒤에 바닷가에 나갔다가 졸도해서 병원으로 실려 가는 도중에 숨을 거두었다는 것이었다.

"그 장로는 이미 저승에서 소환장이 나온 사람이었던게 분명합니다. 만일 그런 사람에게 분별없이 손을 대었다가 시술 도중에 사고가 났었다면 어떻게 되었겠습니까?"

박목사의 이야기를 듣는 나도 이 순간 모골(毛骨)이 송연해짐을 느꼈다.

불과 몇달 지나는 동안에 박목사는 그 용모가 주는 인상도 완전히 바뀐 것은 정말 놀라운 일이었다.

그뒤 나는 박목사의 초대를 받아서 그가 맡고 있는 낙도의 교회에 가서 '체질개선의 원리'에 대한 강연을 했고, 그 자리에는 이웃 낙도에 있는 여러 교회의 목사님이 많이 참석해 경청해 주었다.

"성경 말씀에 '너희가 진실로 겨자(芥子)씨만한 믿음이 있을진대 능히 이 산을 저 산으로 옮겨 가게 할 수 있으리라고 하신 말씀은 글자 그대로 이해하면 전혀 뜻이 없는 이야기라고 생각합니다. 열심히 기구하는 생활, 그리스도의 정신으로 행하면 머리의 중심부인 송과체(松果體)안에 겨자씨만한 결정체가 형성되고 이 결정체가 만들어진 사람은 능히 우주력(宇宙力)을 구사할 수 있는 촛점이 생긴 터라 여러가지 기적을 행할 수 있는 능력이 있다' 라는 뜻으로 해석하면 옳은줄 압니다."

내가 한 강연 가운데 중요 대목이다.

나날이 우주의식과 일체(一體)가 되어 가고 있고, 작은 섬의 한 이름없는 목사로서 참 그리스도의 정신으로 살아가고 있는 박목사야말로 오늘날의 세대가 간절히 원하고 있는 진짜 그리스도인이라고 생각되었다.

아무쪼록 하늘의 은총이 항상 박목사 곁에 함께 하시어 체질 개선의 원리를 그리스도를 믿는 사람들 사이에 널리 펴서, 구원의 역사를 할 수 있는 인물로써 어둠 속을 헤매는 오늘의 세대의 밝은 등대가 되기를 비는 마음 간절하다.

 박목사는 영능력자의 단계를 이미 지나서 뛰어난 영각자(靈覺者)가 되었음이 분명하고, 그는 오늘도 쉴새없이 자라는 나무처럼 발전하고 있다. 머지않아 하늘에 닿는 큰 나무가 되리라고 믿는다.

 박목사와 만난 뒤, 10여년이 지났다.

 그는 지금 그가 속한 교회에서 큰 일을 보고 있고, 바로 며칠 전에 알래스카에서 나에게 전화를 걸어온 일도 있다.

 소문에 의하면 박목사는 그가 속한 교회에서 아주 이름난 목사가 되었다고 하며, 가족들과 함께 미국에 가 있다고 한다.

## 가도·다에꼬양 이야기

몇년전 일본인 나까무라(中村)씨의 초대로 도일(渡日)했을 때 겪은 일이다.

하루는 나까무라씨의 소개로 교통사고 때문에 소뇌신경 실조(小腦神經失調) 현상을 일으켜서 언어 장애와 보행에 몹시 부자유를 느끼고 있는 가도·다에꼬라는 소녀를 만난 일이 있었다.

자전거를 타고 가다가 마이크로 버스와 충돌하여 그 자리에서 의식불명이 된채 6개월 동안 혼수상태에 놓여 있다가 회복했는데 지금은 언어 장애가 매우 심하고 보행이 불편하여 목발에 의지해서 간신히 걸을 정도였다.

그런데 내가 영사해 본 결과 아주 놀라운 사실들을 발견했다. 이 소녀가 사고당하게 된 원인은 빙의령때문이었다.

그 이야기를 간단히 소개해 볼까 한다.

히로오가즈오(廣雄一雄 : 67세)라는 시쯔오까현(靜岡縣) 출신의 목수가 있었는데, 그는 1950년 7월 12일 고향인 시쯔오까시에서 도꾜에 올라 왔고, 고향에는 외아들이 살고 있는데 그의 이름은 '히로오 요시도시'이고, '히로오의 전기상회'라는 가게를 갖고 있으며, 그 목수는 소녀가 사고를 당하기 3년 전에 고혈압으로 사고 현장에서 졸도했고, 그때의 혈압은 140~280이었으며 병원으로 옮기던 중에 죽었다는 것이었다.

그러나 이 사람은 죽을 때 그 영혼이 기절을 했기에 사흘 뒤에 정신을 차렸을 때는 자기가 죽었다는 사실을 전혀 알지 못하고 길거리에 쓰러진 것으로만 알고 있었다는 것이다.

왜냐하면 자기의 시체를 보지 못했기 때문에 졸도했던 것으로만 알고 있었다. 그는 지나가는 사람들에게 구원을 요청했으나 아무도 그의 애원에 귀를 기울이는 사람은 없었다.

'노인네가 길거리에 쓰러져 꼼짝을 하지 못하고 있는데 이럴 수가 있는가?'

그는 야박한 세상 인정을 통탄했다.

비가 오면 비에 젖고, 눈이 오면 눈 속에 파묻혀서 떨어야만 했던 3년의 세월은 그에게는 말 그대로 생지옥이었다.

다행히 보도(步道)에서 졸도했기 때문에 차에 치지 않은게 고마울 뿐이었다. 그러나 지박령의 공통 현상이지만, 그에게는 시간이 정지된 것이나 다름이 없었기 때문에 그는 3년이나 되는 긴 세월이 흐른 줄도 모르고 있었고, 고작 몇주일 정도 지난 것으로 생각했다.

때로는 아무것도 먹지 않고 살아있는 것이 이상하다는 느낌이 들기도 했으나 그것은 잠시 스쳐 가는 생각에 지나지 않았다.

그러다 다에꼬양이 사고를 당하던 날은 길거리에 쓰러진 노인이 지켜 보고 있노라니까 자기의 손녀딸인 아이꼬(愛子)가 자전거를 타고 오는게 보였다.

노인은 이루 말할 수 없이 반가웠다.

"얘야 할아버지다. 할아버지를 좀 도와다오."

그 순간 다에꼬양은 죽은 사람이 부르는 소리를 들었고, 문득 그쪽을 보는 순간 사고를 당한게 분명했다.
"사고를 당한 순간, 따님의 마음은 육체에서 떠났고 대신 고혈압으로 죽은 노인의 마음이 들어 왔던 것입니다. 그러니까 노인때문에 사고도 당했지만 노인의 영혼이 빙의가 안되었더라면 그때 따님은 죽었을게 분명합니다."
하고 나는 영사를 끝냈다.
그날은 간단히 시술을 하고 다음 날에는 히로오 가즈오씨의 영혼을 제령시켰다. 제령을 할때 소녀의 몸에서는 지독한 악취가 풍겨 나왔다. 송장 썩는 냄새가 분명했다.
나까무라의 넓은 응접실은 악취로 가득 찼고, 사람들은 사방 문을 열어 놓으며 한동안 부산을 떨어야만 했었다.
제령이 끝나자 그 자리에서 소녀의 언어 장애에 변화가 일어났다. 소녀는 나에게 살아있는 신령님이라고 하면서 고마워 했다.
"따님은 장차 뛰어난 영능력자가 될 가능성이 높습니다. 지난 몇년 동안 빙의되어 있는 동안에 체질이 바뀐 것이 확실합니다. 영능력자가 되면 그 뛰어난 능력으로 많은 어려운 사람들을 돕게 될것입니다."
"앞으로 제대로 걸을 수 있을까요?"
어머니는 아마 그것이 가장 큰 걱정이 되는 모양이었다.
"천천히 회복되겠지요. 자주 운동을 시키고 본인에게 자신을 갖게 해 주십시오."

## 목을 잘못친 사무라이

내가 출판사를 경영하던 무렵, 나의 손으로 문단에 데뷔시킨 주부 작가 중에 차윤순(車潤順)이라는 사람이 있다.

우리나라의 문단이란 잡지 위주이기 때문에 어쩌다 출판사에서 무명작가(無名作家)의 작품을 책으로 내 주어도 그 작가가 문단에서 인정받고 성공한 예가 거의 없었다.

이것은 처음부터 단행본을 들고 나오는 미국과 같은 나라와는 정반대가 되는 현상이다.

차윤순씨의 경우도 예외는 아니어서 결국 국내에서는 재능을 발휘하지 못하고 어떤 연줄을 따라서 일본으로 건너 갔고, 그곳에서 교포작가로서 활동을 하게 되었다고 한다.

들리는 바에 의하면 《불사조의 노래》도 일역판(日譯版)이 나왔다고 한다.

이 차여사의 소개로 후지노 히사에라는 사람이 나의 연구원을 다녀 간 일이 있었다.

신장 기능과 간장 기능이 좋지 않은 데다가 저혈압까지 있었고, 시력장애까지 합병된 중년부인이었다.

그런데 이 후지노 여사가 나로 부터 단 한번 체질개선 시술을 받고 아주 건강한 몸이 되었다고 했다.
 "앞으로 재혼할 상대자는 외국에 기반을 둔 손 아래 사람으로서 아들과 딸 두 자녀가 있고, 결혼하는 데는 약간은 문제가 있을 게고, 또 결혼하기 전에 반드시 두분이 저를 만나게 될 것입니다."
하고 말한 나의 예언이 이상하게 적중하여 후지노 여사는 하와이에서 부동산업을 하고 있는 손 아래 남자와 알게 되었고, 그에게는 아들과 딸이 있었는데 결혼하는데 약간의 문제가 있었다.
 또 내가 일본에 갔을 때 이들 두 사람과 만나게 되었다.
 후지노 여사는 일본에서도 꽤 이름이 알려진 미용가였고, 그녀의 단골손님 가운데 나까무라 게이꼬라는 사람이 있었다.
 게이꼬 여사에게는 남다른 고민이 있었다. 둘째 아들인 도모아끼(友昭)가 세살 때부터 악성인 전신 습진을 앓고 있었다.
 아무리 좋은 약을 써보아도 잠시뿐 영 효과가 없다고 했다.
 심지어는 일본에서 유명하다는 심령치료가에게도 찾아가 보았으나 결국 허사였다고 한다.
 단골로 다니는 후지노 미용원에서 나까무라 여사는 푸념처럼 자기의 고민을 털어 놓았다. 그러자 후지노 여사가,
 "한국에 안동민씨를 찾아가 보세요. 아주 뛰어난 심령치료 능력이 있는 분이예요."
하고 자기가 기적처럼 몸이 완쾌된 이야기를 들려 주었다고 한다.
 차여사와 함께 나까무라 여사가 나를 찾은 것은 몇년 전 7월이 아니었던가 싶다.
 나까무라 여사에 대하여 영사를 해보니 고대(古代) 일본에 살았던 유명한 시즈까고젠(靜御前)이라는 여인이었고, 그뒤 중국

인으로 재생하여 도꾸가와 이에야스 시대에 일본에 귀화했고, 현재의 수호령 가운데 한 분이 심부생(沈浮生)이라는 과거 중국인으로 살았을 당시의 조상령임이 드러났다.

나까무라 여사가 둘째 아들 이야기를 하기에 사진이 있느냐고 했더니 서슴치 않고 사진을 꺼내 보였다.

"사진만 보고서는 확실치 않지만 전생에 사람을 죽인 일이 있는데 그 원령때문에 생긴 병입니다. 아드님을 데리고 오면 확실한 이야기도 해 주겠고, 또 영장(靈障)에 의한 질병인게 분명하니 체질개선과 제령을 통해 치유가 가능하다고 봅니다."

하고 그날은 그대로 돌려보냈다.

그뒤 8월 30일에 나까무라 모자(母子)가 나를 찾아 왔다.

"도모아끼군은 앞서 세상에 덕천길종(德川吉宗) 장군 밑에서 일하던 신하였었는데 동료가 죄를 지어서 할복하게 되었어요. 그때 가이샤꾸(介錯)라고 해서 그 뒤에서 목을 쳐죽이는 역할을 맡았었는데 그만 손이 떨려서 세번만에야 겨우 목이 떨어진 거죠. 이 때문에 죽은 사람이 몹시 고통을 받았고, 죽어서 원령이 되어서 빙의되었던 거예요. 그래서 요즘 말로 하면 심한 노이로제를 앓게 되었는데 그때 고오야산(高野山)에 있던 고오즈끼 쇼오닌(上月上人)이라는 스님이 제령을 해주었는데 이번에 재생하는 과정에서 다시 빙의된 것 같고, 그때 고오즈끼 쇼오닌은 바로 전생에서의 저였던 것 같군요."

"그럼 안선생님이 일본인이었단 말씀인가요?"

"네, 나에게는 전생이 많은데 그중 하나가 그랬었다는 것입니다. 애당초 일본과 인연을 맺게 된 것은 백제에서 건너 간 왕인(王仁)박사 시절이 아니었던가 생각되는군요."

"참 신기합니다."

"자기의 전생을 알 수 있는 능력이 생기면 세계 인류는 하나라는 깨달음을 자연히 갖게 되는 법입니다. 저는 인도인이었던 때도 있고, 고대 페르시아에서 산 일도 있고, 또 애당초는 외계(外界)에서 온 우주인이었던 기억도 갖고 있으니까요."

"잘 알았습니다."
하고 이들 모자는 정중히 고개를 숙였다.

그날 도모아끼군의 제령은 매우 성공적으로 끝났다. 나는 '옴 진동'이 든 녹음 테이프를 하나를 만들어서 그들 모자에게 주었다.

"이 테이프를 이용해서 진동수를 만들어 마시도록 하세요. 그러면 일주일 동안 배가 아프고 설사가 계속될 것입니다. 그 뒤 어느날 아침 일어나보니까 습진은 없어져 있더라 하는 경우가 되기가 쉽습니다. 이 병은 생리적으로 보면 신장 기능과 부신 기능이 좋지 않아서 소변으로 피의 불순물을 걸러서 내 보내지 못하고 피부로 내뿜기 때문에 생긴 것입니다. 그러니까 심령적인 것이 원인이 되어서 내장에 고장이 생긴 피부병을 아무리 피부에 약을 발라도 좋아지지 않는 겁니다. 영혼이란 에너지 생명체로서 육체를 통하여 생명 에너지의 공급을 받고, 대신 배기 개스를 경락을 통해서 내보내게 되는 것인데 도모아끼군에게는 본인 아닌 다른 생명체가 들어 있기 때문에 생명 에너지의 소모도 크고 몸 안에서 개스가 많이 발생하고 있는 겁니다. 그래서 경락에 이상이 생긴 겁니다."

그뒤 보름이 지날 무렵이었다. 나까무라 여사의 편지가 나에게 날라 들었다.

…전략…

안녕하셨습니까? 지난 번에는 나까무라 도모아끼(中村友昭)의 제령과 치료를 해 주셔서 여러가지로 고마웠습니다.

주신 테이프로 진동수를 만들어서 매일 물을 마시고 있습니다만 마시기 시작한 일주일 동안 배가 아프다고 하더니 열흘째 될 무렵부터 얼굴이 깨끗해지고 팔도 깨끗해지기 시작했습니다. 아직 목덜미 있는 데는 습진이 남아 있습니다만 어쩐지 갑자기 좋아져서 깜짝 놀랐습니다. 선생님 덕분이라고 깊이 감사드립니다. 아이하고도 의논을 했습니다만, 9월 27일 오후 다시 선생님을 찾아뵙고 시술을 받았으면 합니다. 27일은 토요일인데 어떠실런지요? 학교때문에 토요일, 일요일 밖에 찾아뵐 수가 없는데, 28일 일요일에도 시술이 가능한지요? 바쁘시고 피곤하실 텐데 정말 죄송스럽습니다. 아이의 습진이 좋아졌기 때문에 너무나 기뻐서 폐가 되는줄 알면서도 꼭 부탁드립니다. 정말 이상한 일이라고 집안 식구들이 모두 깜짝 놀라고들 있습니다. 이것도 모두 선생님의 덕이고 정말 뭐라고 감사해야 좋을지 모르겠습니다. 만일 9월 27일(토요일) 28일(일요일)이 곤란하시거든 이곳을 떠나기 전에 다시 한번 전화를 드릴때 말씀해 주십시오. 진심으로 부탁드립니다.

글이 두서 없어서 실례가 많았습니다.

안녕히

中村圭比子

安東民 先生

도모아끼군은 모두 합해서 세번 한국을 찾아 왔고, 그렇게도 완고했던 전신 습진이 깨끗이 치유되었다.
 나중에 이들 가족의 초대를 받아서 일본에 가서 들은 이야기에 의하면 도모아끼군은 습진이 완쾌되었을 뿐만 아니라 영능력자로 변모했다고 한다.
 한국에 오기 전날이면 꼭 중세시대(中世時代)의 갑옷을 입은 무사(그의 수호령인듯 하다)가 머리맡에 나타났다고 하며, 내가 떠나기 이틀 전에도 아주 이상한 현상을 경험했노라고 했다.
 밤 1시가 되어서 불을 끄고 자려고 하는데 누군가 문을 똑똑똑 세번 두드리더라는 것이었다.
 "누구세요?"
 했더니 대답은 없고 방문 한가운데가 갑자기 눈부시게 환해지더라는 것이었다.
 다음날 아침 어머니에게,
 "안선생님이 오실 모양이니까 모시러 갈 차비를 하는게 좋겠어요."
했고, 이 이야기를 들려 주더라고 했다. 그래서 나의 집에다가 전화를 걸었더니 18일에 떠난다고 이야기를 했다는 것이었다.
 "도모아끼는 안선생님한테서 체질개선 시술을 받고 난뒤 성격이 아주 좋아졌습니다. 화를 잘 내던 성질도 없어졌고 의젓해졌다고 할까 지혜로워졌다고 할까 어떤 때는 누가 아버지인지 모르게 느껴질 정도로 아주 어른스러워졌습니다."
하고 나까무라씨가 좋아서 어쩔줄 몰라 하던 것이 지금도 눈에 선하다.
 앞으로는 직접 나의 손을 빌리지 않고도 집단적으로 체질개선이 가능한 과학적인 방법을 나는 이미 확립한바 있으니만큼 앞으로 자라나는 세대(世代)가 모두 체질개선이 될때, 우리 세계의 앞날은 밝아지리라고 생각한다.

## 잉태한 남자 이야기

　남자가 아이를 가졌다면 아무도 믿을 사람이 없을 것이다. 그런데 각종 난치병과 불치병에 시달리는 사람들을 수없이 보아왔지만 남자가 아이를 가진 경우, 그것도 아랫배가 꼭 바가지 엎어 놓은 것 같이 튀어나오고 두 다리가 붓고 어지럽고 구역질이 자주 나고, 뱃속에서 아이가 노는 것 같은 이상한 병을 앓는 사람을 만나기는 생전 처음이었다.
　이 이야기의 주인공은 39세 된 이창주라는 사람이다.
　그는 고향에서 중형 어선의 선주(船主)로서 생활은 여유있는 편인데, 3년 전에 이런 이상한 병이 걸린 뒤로는 반 폐인이나 다름없는 생활을 해왔다고 했다.
　암인가 해서 X레이 검사, 종합검사도 해보았지만 아무 이상이 없다는 이야기였다.
　"뱃속에 개스가 찼을뿐 의학적으로는 건강하다는 것이었습니다."
　어느 날 이창주씨가 인천에 사는 어느 부인의 소개로 나를 찾아왔다.
　나는 첫눈에 빙의령에 의한 병임을 알 수 있었다. 영사를 했다.

"혹시 인천갔다가 온 뒤에 생긴 병이 아닌가요?"
그는 한동안 생각에 잠기더니 무릎을 쳤다.
"맞습니다. 인천에 볼 일 보러 갔다 온 뒤로 이렇게 된 것이 분명합니다."

몇년 전 서울 인천 사이를 달리는 전철 안에서 일어난 일이다.
27세의 임신 6개월 된 어느 부인이 점심먹은 것이 급체하여 미처 손도 쓸 사이도 없이 전철 안에서 숨을 거둔 일이 있었다. 부인은 숨을 거두는 순간, 애절하게 남편을 부르면서 의식을 잃었다.
시체는 인천역에 도착하자 급보를 듣고 달려 온 가족들의 손에 넘어 갔지만, 죽은 지 사흘 뒤에 다시 제정신을 차린 부인의 영혼은 자기 자신이 죽었다는 것을 알 까닭이 없었다.
부인은 자기가 아직도 전철 안에서 체하여 괴로워 하는 줄만 알고 있었고, 눈에 띄는 사람마다 구원해 줄 것을 요청했으나 아무도 거들떠 보지 않았다.
이런 사고로 죽은 지박령은 그 자리에 묶여서 꼼짝 못하게 마련이고, 죽은 순간부터 시간은 정지하기 때문에 지박령은 세월이 흘러감을 깨닫지 못하게 마련이다.
또 영혼에게는 이승이 보이지만 세상 사람들에게는 영혼이 보이지 않기 때문에 부인의 구원 요청이 통할 까닭이 없었다.
죽은 부인은 사람들이 자기 몸 위에 걸터 앉으면 아우성을 치곤 했고, 그러면 그 자리에 앉은 사람은 어쩐지 기분이 좋지 않아서 자리에서 일어서게 마련이었다.
만원 전철 안에서 언제나 비어 있는 텅 빈 자리―그것은 분명히 이상한 일이 아닐 수 없었다.

그런데 어느 날 이창주씨가 나타났다.

죽은 부인이 보니 틀림없는 자기 남편이었다(아마 모습이 많이 닮았던 모양이다).

"여보, 나 좀 살려주구려."

이렇게 외친 순간, 아창주씨는 사고로 죽은 두 사람(그러니까 태아까지 포함해서)의 영혼이 빙의된 것이었다.

그 순간 그는 가벼운 멀미를 느꼈을게 분명하다. 아마 어쩌면 등골이 오싹했을 게다.

내가 영사 결과를 이야기하는 순간이었다.

'어매, 이이가 남편이 아니었구먼. 나는 죽었나요?' 하는 소리가 들렸다.

다음 날 다시 찾아 온 이창주씨는 그 아랫배의 바가지가 밤 사이에 행방불명이 되었노라고 익살을 떨었다.

두 다리의 부기도 가라앉았고, 차만 타면 어지럽던 증세도 말끔히 가셨노라고 했다.

나흘에 걸친 체질개선 시술을 받고 건강한 몸을 되찾은 이창주씨는 고향으로 내려 갔고, 며칠 뒤 눈이 잘 안보이게 된 큰아들을 데리고 올라 왔다.

이 아이도 두번 시술을 받고, 기적적으로 시력을 회복했다. 들리는 바에 의하면 그는 건강한 몸으로 자기 본업에 열중해 있다고 한다.

이창주씨의 소개로 20년 동안 알콜 중독자로 폐인이 되어 있던 환자 한 사람이 다녀 갔는데 그도 빙의령에 의한 것이었고, 제령을 시키자 알콜 중독에서 해방되었다.

"이창주씨는 안선생님의 선전원이 되었지요. 술 사들고 난치병 환자만 찾아다닌다니까요."

그가 떠나면서 들려 준 말이었다.

# 제 4 부
# 그대 비록 삼생의 인연이 있을지라도

## 삼생(三生)의 인연

한 남자와 한 여자가 만나 가정을 이루면서 자식을 낳고 살아가는 것이 알고 보면 우연히 일어나는 일은 아니다.

거의 모두가 전생으로부터의 깊은 인연이 있기 때문인 것이다. 그러나 그 인연이 반드시 좋은 인연만이라고 생각할 수 없는 면도 있다.

오히려 아주 나쁜 인연이기에 맺어지는 경우가 많다고 생각된다.

여자를 잘못 만나서 일생을 망친 남자, 또 그 반대의 경우도 얼마든지 있기 때문이다.

또한 아무리 좋은 인연으로 두 사람이 맺어져도 상대방을 잘못 다루면 피해를 입고 헤어지는 경우도 있게 마련이다. 그런 여러가지 경우들을 차례로 소개하여 볼까 한다.

첫번째 이야기

어느 젊은 부인이 나를 찾아와서 이런 호소를 한 일이 있었다. 남편은 자기를 사랑하고, 말할 수 없이 가정에 충실한데 어느 때부터인지 남편이 싫어지기 시작하더니 이제는 목소리만 들어도 온 몸에 소름이 끼칠 지경이 되었다는 이야기였다.

신혼초 때는 즐거웠던 부부생활도 이제는 고문을 당하는 것과 같은 고통으로 변했노라고 했다. 나름대로 그 원인이 무엇인지 아무리 생각해 보아도 도무지 알수 없다고 했다.

남편은 아내가 몸이 약해져서 부부생활을 싫어하게 된 줄 알고, 요즘은 자기 곁에 가까이 오지 않게 되었고, 딴 방을 쓴지도 꽤 오래 되었노라고 했다.

그러나 이런 상태가 오래 계속 된다면 언젠가는 남편이 자기의 진짜 마음을 알게 될까봐 겁이 난다고 했다.

그렇게 되면 남편도 까닭없이 싫어하는 자기와 헤어질 생각을 할 것이 아니냐는 것이었다. 그러니까 그 부인은 까닭없이 남편을 싫어하면서도 이혼할 생각은 하지 않은게 분명했다. 이것도 상식으로서는 잘 납득되지 않는 이야기였다.

이들은 전생에서 집안끼리 약혼한 사이였고, 남편은 혼인식을 올리기 전에 그녀를 범하고는 무슨 까닭인지 그 길로 고향을 떠나고 다시는 돌아오지 않았다.

이 때문에 그녀는 떠나 간 남자를 저주하면서 외롭게 일생을 보냈다.

이런 인연으로 해서 이번 생애에는 부부가 되었고, 남편은 전생에서 지은 죄를 보상하기 위하여 최선을 다했으나, 부인이 받은 마음의 상처는 영 아물지를 않았었기에 공연히 남편을 미워하게 된것이 아닌가 하고, 나는 설명해 주었다.

그녀는 잘 알았다고 고개를 끄덕이고 집으로 돌아갔다.

얼마 뒤, 그녀는 나를 다시 찾아와서 남편과의 갈등은 잘 해결되었노라고 했다.

　나에게서 그런 이야기를 듣고 집에 돌아와 남편을 만난 순간, 갑자기 남편이 좋아졌다고 했다.

　그러나 지난 번에는 털어놓지 않은 또 하나의 고민은 해결되지 않았다고 했다.

　10년 전 둘째 아들을 낳고, 병원에서 돌아와 큰 아들을 본 순간, 갑자기 큰 아들이 미워지기 시작했고, 10년 동안 걸핏하면 이렇다 할 이유도 없이 큰 아들을 몹시 학대했다고 한다.

　어머니가 아들을 이렇게 미워한다면 애가 잘못될 것 같은 생각이 들어서 요즘은 마음을 돌려보려고 무척 애를 쓰고 있으나 마음대로 되지 않는다고 했다.

　남편과의 전생 이야기가 크게 도움이 된 것으로 미루어보아, 내가 어떤 이야기를 해 주면 이 역시 매듭이 잘 지어질 것 같다고 했으나 이때 나는 그 원인을 찾아내지 못한채 그냥 돌려보내야만 했다.

　언젠가 때가 오면 알게 되겠지 하고 뒤로 미루는 수 밖에 없었다.


## 두번째 이야기

　바로 며칠 전에 겪은 일이다.

　어떤 젊찮은 노부부가 아들 문제 때문에 나를 찾아왔다.

　아들이 5년 동안 사귀어 온 여자와 결혼했는데, 아버지는 처음부터 까닭없이 며느리가 탐탁치 않았다고 했다.

　아들은 증권회사를 다니고 있었고, 고객 위탁금 2~3억 정도를 축내어서 아버지가 이를 물어주었는데, 알고 보니 아들이 결혼 전에 아내와 함께 돈을 낭비한 게 밝혀졌고, 며느리는 전혀 반성하는 기색이 없어서 아버지가 몹시 나무랬더니 그 길로 친정으로 돌아가 이혼해 줄것을 요구하면서 거액의 위자료를 청구해 왔다는 이야기였다.

아들도 아내가 싫어져서 이혼에 동의할 생각이나, 아들의 실수를 해결하려고 전 재산을 없애다시피 해서 그 위자료도 마련하기 어려운 입장이라고 했다.

어째서 이런 며느리가 집안에 들어 왔는지, 또 며느리 사랑은 시아버지라는 말도 있는데, 어째서 자기는 처음부터 이 며느리가 싫었는지 그 까닭을 알고 싶다고 했다.

그래서 아들 내외의 사진을 가져 왔노라고 했다.

내가 사진을 받아보니, 이들 두 사람은 쌍둥이 같이 닮은꼴이었다.

지금으로부터 약 200여년 전, 충청도 어느 고을의 양반집에서 남매 쌍둥이가 태어났다.

창피스럽다고 주인은 딸을 내다버리게 했다.

마을의 먼 친척되는 사람에게 논 몇마지기와 함께 딸을 맡겼고, 다시는 돌아보지 않았다. 딸의 양아버지가 된 사람은 심한 노름꾼이어서 받은 재산도 놀음빚에 탕진하고, 열여섯 꽃다운 나이가 되자 양딸을 술집에 팔아버렸다.

이때 양딸은 우연한 기회에 자기가 이 집 친딸이 아니고, 어느 대가 집에 남매 쌍둥이로 태어나는 바람에 버려진 몸이라는 것을 알게 되어, 자기를 낳아준 부모를 몹시 원망하면서 한 많은 일생을 보내야만 했다.

"그렇다면 며느리는 전생의 딸이었다는 말씀입니까?"

"그런 셈이죠. 영감님은 딸을 버린데 대해서 늘 남모르게 양심의 가책을 받았던 것입니다. 그랬었기에 무엇인가 자기의 잘못을 암시해 주는 것 같아서 며느리가 처음부터 마음에 안 들었던 것입니다."

"알겠습니다."

하고 고개를 숙이는 노부부는 어딘지 숙연해진 느낌이었다. 전생에 아무런 죄없이 버림을 당한 딸이 며느리가 되어 돌아왔는데, 이들은 또 다시 며느리를 쫓아내려고 하는 셈이었다.

그들은 독실한 불교신자였다.

전생에 지은 업이 결과가 되어 돌아왔으니 또 다시 새로운 악업을 짓고 싶지 않다는 눈치였다. 가능하면 한번 아들 내외를 데리고 찾아 오겠노라고 했다.

큰 원망을 살 일을 하면 다음 번 세상에서라도 반드시 그에 알맞는 고통을 받는 것은 분명한 사실이라고 나는 믿는다.


### 세번째 이야기

몇년 전 일이었다.

곽동근이라는 40대 초반의 아주 특이한 인상의 남자가 나를 찾아왔다. 얼른 보아서 한국인같지 않은 얼굴이었다. 눈빛만 파랗다면 영낙없는 서양 사람이었다.

부인과 이혼하고 사는 지가 오래 되었다고 했다. 아들이 하나 있고, 자그마한 빌딩의 소유자로 임대비만으로도 생활 걱정은

하지 않아도 되는 입장이라고 했다.
 그는 불교신자였고, 중국무술과 선도(仙道)에 깊은 관심이 있고, 소림권법을 배우고 있는 중이라고 했다.
 자기의 전생을 몹시 알고 싶어했다.
 내가 영사해 본 결과, 여러 사람의 복합령이었다. 맨 먼저 신라시대에 살았던 처용(處容)이 있었고, 달마대사의 분령과 백제 무왕(武王), 그리고 인도의 요기가 있었다.
 현재 사랑하는 젊은 여자가 있다고 했다. 그 젊은 여인의 사진을 보니 처용의 부인이었고, 달마대사가 출가하기 전에 달마대사를 몹시 사모했던 여인 그리고 무왕의 왕비, 이런 영혼들이 복합되어 있어 삼생에 걸쳐 인연이 있다고 판단했다.
 그는 자신감을 갖고 돌아갔고 얼마 뒤에 결혼하게 되었다고 두 사람이 인사차 찾아 왔다. 알고보니 그녀는 곽씨 회사의 경리를 맡아보고 있는 여직원이었다.
 벌써부터 그녀의 이름으로 좋은 아파트를 사주었고, 고급차까지 선물했다.
 신혼여행으로 세계일주를 하겠노라고 했다. 그뒤, 한동안 찾아오지 않더니 아들을 낳았다는 이야기를 전하러 왔었다.
 나는 이들 부부가 삼생의 인연이 있어서 결혼했기에 매사가 잘 되어가는 줄만 알았다. 그런데 그렇지가 않았다. 2년 뒤에 그는 매우 낙담한 모습으로 나를 찾아와 아내가 자기를 버리고 떠났노라고 했다.
 "안선생님께서 삼생의 인연이 있다고 하셔서, 저는 명상에 잠겨 있는 몇주일 동안 각 방을 썼더니 그냥 친정으로 돌아갔습니다. 대수롭지 않게 생각했는데 며칠 전 변호사를 통해서 이혼하겠다는 뜻을 전해 왔습니다. 아들은 자기가 맡겠다고 하면서 감당하기 어려운 막대한 위자료를 청구해 왔습니다."
하고 그는 몹시 난감한 표정을 지었다.
"곽형이 부인과 결혼하게 된 것은 지난 삼생의 인연 탓이지만, 그렇다고 아무렇게나 대하면 됩니까? 그럴수록 잘 대했어야죠. 비록 삼생의 인연이 있을지라도 상대방을 제대로 사랑하지 않고 아무렇게나 대하면 여자의 마음은 떠나게 마련입니다."
하고 나는 이야기했다.
비록 삼생의 인연이 있어서 맺어졌더라도 오늘과 내일을 사는데 있어서 상대를 소홀히 한다면 파랑새는 날아가게 마련이라는 좋은 교훈을 나에게 알려준 것이었다.


### 네번째 이야기

얼마 전 일이다.
한 중년 남자가 나를 찾아와 얼마 전에 아내를 교통사고로 잃었다고 했다.
살아 있을 때는 금실이 좋았었는데 어찌된 셈인지 아내는 자기와 잠자리를 같이 할 때면 고통스러워 했다고 하였다. 사진을 영사해 보니 이들의 전생은 부녀(父女)관계였다.
홀아비가 된 아버지를 과부가 된 딸이 평생 모시고 사는 가운데 이들은 어느덧 남편이 아내를 의지하듯, 아내가 남편을 의지하듯 하였기에 이번에는 남남으로 태어나서 부부가 된게 분명했다.
부인이 잠자리를 같이 하는 것을 고통스러워 하는 것은 마음

속에 깊이 숨겨진 전생의 기억때문이 아니겠느냐고 나는 이야기했다. 사랑하면서도 잠자리를 같이 하는데 이상한 죄의식을 느꼈기에 부인의 마음에는 일종의 자살 충동 같은 게 있었던게 아닌가 하는 이야기도 했다.
 "그러고 보니 언젠가 아내가 그런 말을 한 적이 생각나는군요. 잠자리를 같이 하지 않고 남매같이 살수는 없느냐구요. 그래서 늙으면 자연히 그렇게 될 것이라고 이야기하고 웃고 말았는데 그런 사연이 있었군요."
하고 그는 탄식했다.
 "손님은 결국 돌아가신 부인과 같은 분령을 지닌 분을 만나서 재혼할 가능성이 많습니다. 우리나라 속담에 '한놈의 계집은 한 넝쿨에 열린다'는 말이 있지 않습니까? 그런 경우죠."
 "그렇군요."
 "그렇게 되면 죽은 부인이 딸로 재생하기가 쉽습니다. 전생의 상태로 다시 돌아가는 거죠."
 "재혼을 안하면요."
 "그야 불가능한 일이죠."
하고 나는 웃었다.
 그가 과연 재혼을 해서 부인과의 삼생에 걸친 인연을 맺을지 어떨지 좀 더 두고 봐야 할 일이라고 생각한다.
 어쩌면 몇년 안에 그가 다시 찾아올 것같은 예감이 들기도 한다.

## 다섯번째 이야기

3수생(三修生)을 아들로 둔 아버지가 나를 찾아왔다. 아들은 고교시절에는 자기 반에서 항상 1등을 한 우수한 학생이었다고 했다. 그런데 대학입시를 앞두고 갑자기 게을러져서 수험준비를 전혀 하지 않았고, 그 결과 보기 좋게 낙방했다고 한다.
1년을 재수시켰다.
열심히 학원을 다녔으나, 입시를 한달 앞두고 이렇다 할 이유없이 공부하는 것을 엎어 버렸다는 것이었다.
3수할 때도 마찬가지였다.
아무래도 납득이 가지 않는다고 했다.
대학에 합격되는 것을 무언가가 막고 있는 것같은 느낌이 든다는 이야기였다.
나는 그 손님이 가져 온 아들의 사진을 영사했다. 그 결과 다음과 같은 사연이 밝혀졌다.

조선 중종(中宗) 때였다고 생각된다.
결혼을 해서 두 아들을 둔 어느 선비가 과거에 응시해서 장원급제했다.
그는 벼슬길에 나가게 되었는데 여러가지 사정때문에 시골 식구들을 서울로 데려오지 못하고 혼자 사는데, 그가 총각인줄 잘못 안 상관의 마음에 들어서 자기의 사위가 되어 달라는 청혼을 받았다.
선비는 마음이 약한 사람이어서 자기는 이미 처자식이 있는 몸이라는 이야기를 하지 못했고, 선비의 의사와는 관계없이 벼

락장가를 가게 되었다.

 이 소식을 뒤늦게 안 부인은 자기 남편이 이미 기혼자였다는 것이 밝혀지면 중벌을 받게 되리라 생각하여 두 아들과 함께 집단 자살을 하고 말았다.

 이 사실을 알게 된 선비는 자기의 잘못을 크게 뉘우쳤다. 게다가 새로 장가든 부인은 곰보인 데다가 성격이 여간 억센 여자가 아니었다.

 "내가 그때 과거를 보지 않고 시골에서 서당 훈장이나 하면서 살았더라면 좋았을걸."
하고 그는 일생을 후회하면서 불행하게 살아야만 했다.

 현숙했던 아내와 착하고 귀엽던 두 아들을 못내 잊을 수가 없었다.

 "이런 전생의 기억때문에 아드님은 일부러 낙방을 한것입니다. 일종의 자기학대라고나 할까요. 사람은 누구나 죄를 지으면서 스스로 벌을 주게 되는 거죠."
하고 나는 설명했다.

 세번씩이나 낙방한 아들도 잘 납득이 되었다는 표정이었다. 그 아들이 그뒤 대학에 진학했을까 하고, 갑자기 궁금한 생각이 든다.

 어쩌면 이 책을 읽고, 그에게서 반가운 소식이 올 것 같은 예감도 든다.


### 여섯번째 이야기

 10년 동안 서로 사랑하다가 결혼한 부부가 있었다. 아들도 생졌다.
 결혼한 지 4년이 넘자, 갑자기 젊은 아내는 남편이 싫어지기 시작했다.
 남편이 능력이 없는 것도 아니고, 아내를 배신하여 외도를 한 것도 아니었다.
 그런데 어느날 갑자기 남편이 싫어지기 시작하더니 이제는 밥먹는 모습을 보는 것도 싫고, 자기에게 말하는 태도도 까닭없이 거슬려서 숨이 막힐 것만 같다는 이야기였다.
 왜 갑자기 남편이 싫어지게 되었는지 본인 자신도 납득이 가지 않는다는 것이었다.
 싫은 사람하고는 도저히 살수 없다고 느끼게 된 요즈음, 생각다 못해 나를 찾아왔다는 하소연이었다.
 분명히 자기네의 전생(前生)에 무엇인가 그럴만한 사연이 있을 것 같다는 이야기였다.

 지금부터 백년 전, 충청도 어느 고을에 젊은 부부가 살고 있었다. 남편은 며칠마다 열리는 시골장을 돌면서 봇짐 장사를 하는 보부상이었다.
 결혼할 당시에는 아버지 때 부터 내려오는 윗골 김진사댁 농사를 짓는 소작농이었으나, 대가 바뀌면서 다른 소작인에게 주었기 때문에 결혼한 지 4년째 되던 해부터 봇짐 장사를 하게 되었다. 그러나 시골장을 돌면서 하는 장사가 잘될 까닭이 없었다. 그래서 서울로 올라가서 장사를 하겠다고 집을 떠난 남편은 다시 돌아오지 않았다.
 10년 가까이 새댁은 남편을 기다리면서 어려운 세월을 보냈다. 10년째 되던 해였다. 장사일로 서울에 올라간 동네 사람으로부터 서대문 근처에서 남편을 보았다는 이야기를 들었다.

신수가 아주 훤했고 서울에서 장사로 성공을 하고 새 장가를 들은 것 같더라는 이야기를 들은 부인은 분에 못이겨서 반드시 다음 세상에 만나서라도 앙갚음을 하겠다는 저주를 하면서 자살했다.

이런 인연으로 그들은 이 세상에서 다시 만나서 부부가 되었고, 전생에서 의좋게 지냈던 4년이 지나자 갑자기 남편이 미워지기 시작하여 이혼을 생각하게끔 된 것이라고 나는 설명해 주었다.

그래도 부인의 결심은 굳건했다.

기어이 이혼을 해야겠다는 이야기였다.

"그렇다면 제가 이야기해 드리죠. 현재 남편은 지방간이라는 진단을 받았는데 술을 많이 마시는 편이 아니던가요."

"그렇습니다."

"부인한테 이혼을 당하면 바깥 양반은 아주 술꾼이 되어서 2년을 넘기지 못하고 간경화로 죽게 될 운명이고, 아들도 교통사고로 죽게 되기가 쉽습니다. 그렇게 되면 부인은 양심의 가책때문에 평생 괴로워 할 것이고, 아주 못된 남자와 두번 결혼해서 매를 맞으면서 살아야 될것 같습니다."

하고 나는 장차 일어날 일들을 이야기 해 주었다.

나의 이야기에 크게 충격을 받은듯, 젊은 부인은 이혼은 하지 않겠노라고 이야기하면서 돌아갔다.

전생의 인연때문에 오늘을 지배받지 않게 된 드문 경우라고 생각한다.

덕분에 인과응보의 업은 어기게 되었지만, 그것으로 좋지 않을까 생각된다.

## 중년 남자의 사랑

　최근에 있었던 일이다.
　외모로 보아서는 중년이라기 보다는 이미 초로(初老)에 접어든 아주 점잖은 인상을 지닌 한 신사가 나를 찾아왔다. 반백의 수염까지 기른 아주 근엄한 인상을 주는 신사였다.
　나는 첫눈에 그가 자녀문제나 사업문제 때문에 의논하러 온 것으로 짐작했다. 허나 막상 그의 이야기를 듣고 보니 뜻밖에도 그 자신의 애정문제 때문에 찾아온 것이어서 나는 크게 놀라지 않을 수 없었다.
　알고보니 그는 지금 놀고 있는 처지였고, 서예가라고 했다. 부인은 교편을 잡고 있다고 했다. 사진을 보니 부인도 잘생긴 중년부인이었다.
　자녀들도 모두 잘 생긴 미남미녀였다.
　모두가 효자효녀라고 했다.
　도대체 이런 좋은 가족들을 거느린 그가 바람이 났다는게 나로서는 쉽게 믿어지지가 않았다.
　더구나 애인은 37세의 노처녀라고 했다. 7년 전에 첫관계를 가졌고, 서예를 지도하다가 여자 편에서 적극적으로 유혹하는 바람에 어느덧 정신을 차려보니 헤어날 수 없는 깊은 관계가 되어 있었다고 했다.
 부인은 그 사실을 아느냐고 하니까 모른다고 했다. 부인하고는 부부관계를 계속하고 있느냐고 하니까 그렇지 않다고 했다. 어느 때 부터인지 자연스럽게 멀어지더니 전혀 부부관계를 할 의욕을 느끼지 않게 되었고, 부인 앞에서는 발기가 불가능하다고 했다.
 하지만 이상하게도 애인하고는 마치 젊었던 때와 같이 성관계를 가질 수 있다고 했다.
 그는 때로는 자기가 두개의 인격 소유자같은 생각이 든다고 했다.
 아내하고 있을 때는 분명히 노인이고, 애인과 함께 있을 때는 혈기왕성한 젊은이로 돌변하니 자기도 잘 이해가 되지 않는다고 했다.
 애인과 정을 나누게 된지 올해로서 꼭 7년째가 된다고 했다. 그런데 요즘에 와서 애인의 마음이 많이 흔들리게 되었다고 했다.
 자기 또래의 친구들이 모두 시집을 갔는데 자기만이 유부남인 노인과 정을 나누고 있는게 허전해졌고, 또 장래가 없다는 생각이 든 모양이라고 했다.
 그런데 노신사는 7년씩이나 데리고 산 젊은 여자를 아무것도 모르는 다른 남자에게 시집보내는게 양심에 걸리기도 하려니와 한편으로는 정이 든 여자와 헤어진다는 것이 여간 고통스럽지가 않다는 이야기였다.
 한마디로 이러지도 저러지도 못하는 처지라고 했다. 자기는 아내에게 얹혀서 살고 있는 처지라, 젊은 애인의 노후대책을 세워줄 수 있는 입장도 아니라고 했다.
 고민하던 나머지, 내가 쓴 〈업장소멸〉을 읽고 그 젊은 여인과 이런 관계를 맺게 된데는 필경 전생(前生)에서의 어떤 사연이 있을 것 같아, 그 비밀을 알고 싶어서 찾아왔다고 했다.
 듣고 보니 정말 딱한 이야기였다.
 머리가 이미 반백인 점잖은 노신사의 외모로 보아서는 그가 이런 고민을 갖고 있다는게 믿기지 않았다.
 사람은 겉만 보고서는 판단하기 어렵다는 느낌이 이렇게 강하게 들어보기도 나로서는 처음 겪는 일이었다.
 나는 마음을 비워서 그의 영파에 동조했다. 그의 마음과 동조하여 나는 시간 속을 거슬러 올라갔다.
 조선시대 조광조(趙光祖)가 누명을 쓰고 처형될 당시 이 노신사는 조정에서 근무하던 고급관리의 한 사람이었다.
 조광조를 따르던 사람들 가운데 그와 절친한 친구가 있었다. 그는 분명 억울한 누명을 썼는데 그를 위해 이 노신사는 변명을 해주지 않았다. 자기도 연루될까 봐 겁이 났기 때문이었다.
 그대신 노신사는 조광조의 외동딸을 몰래 맡아서 양녀로 길러 주었다. 오랜 세월이 흐른 뒤, 조광조는 억울한 누명을 쓰고 처형되었음이 밝혀졌다. 노신사는 양녀를 불러서 그 간의 사연을 밝혀 주었다.
 그녀는 감격했다. 여지껏 아버지인 줄만 알고 믿고 따랐는데 그렇지가 않고 아버지의 친구였음이 밝혀지자 수양딸은 안타깝게 노신사를 사모하게 되었다.
 이를 안 노신사는 몹시 당황하여 서둘러 시집을 보내야만 했다.
 때마침 상처한 지 오래된 몸이었고, 노신사는 불륜(不倫)의 관계를 맺게 될까 몹시 두려웠던 때문이었다.

그러나 시집간 딸은 끝내 행복하지 못했다. 남몰래 수양아버지를 사모하면서 일생을 보냈다. 다음 생이 있다면 언젠가 한번은 지아비로 모시고 싶다는게 그녀의 변하지 않는 일편단심이었다.

이것이 처녀의 몸으로 그녀가 적극적으로 노신사를 유혹한 동기였다. 노신사는 내 이야기를 듣고 깊이 뉘우치는 점이 있는 듯 했다.

"일부일처제가 정착한 것은 최근 100년 안에 일어난 일입니다. 영감님이 이 여인과 관계를 가짐으로서 집안에 풍파가 일어난다면 되도록 빨리 정리를 하십시오. 만일 그렇지가 않다면 죽을 때까지 아무도 모르게 살 자신이 있다면 그것도 괜찮겠지요. 문제는 애정문제로 해서 다른 집안 식구들을 조금이라도 불행하게 한다면 그것은 분명한 불륜(不倫)이지만, 아무도 모른다면 없는 것과 같은 것이지요. 하지만 가장 좋은 방법은 이 젊은 여자를 실망시켜서 영감님이 버림을 받는 것이죠. 그것이 가장 현명한 처사라고 생각됩니다."
하고 나는 결론을 맺었다.

어딘지 이상한 남녀관계는 거의 전부가 전생에 그 뿌리가 있다는 하나의 좋은 본보기가 아닌가 생각된다.

우주법칙의 첫번째로 인과응보(因果應報)라는게 있다. 어떤 일도 원인없이는 발생하지 않는다는 것이다.

나 자신이 지금 어떤 일로 해서 고통을 받고 있다면 그 원인은 언젠지 모를 지난날에 자기가 만든 것이라는 이야기다.

나에게 찾아와 인생상담을 해오는 사람들은 대체로 남자보다는 여성이 많다. 남편의 탈선, 빈번한 애정행각으로 해서 이혼 직전에 놓인 부인들, 또는 남편은 끔찍이 자기를 사랑하는데 까닭없이 남편이 싫어져서 못살겠다는 아내 등, 애정갈등에 대한 고민들이 많다.

그런데 많은 부인들이 전생에는 남자였고, 부인을 괴롭힌 나머지 이번에는 자기가 여자로 태어나서 고통을 받는 경우가 많다.

그런 경우를 몇가지 예로서 들어볼까 한다.

학교에서 교편을 잡고 있는 한 중년 부인이 나를 찾아왔다. 결혼생활이 올해로서 11년째요, 본인은 고등학교 영어선생이라고 했다.

남편은 아마추어 화가로서 때때로 그림을 그리기는 하나 일정한 수입이 없는 처지라고 했다.

그러니까 남편이 가족들의 부양책임을 지고 있는게 아니고 부인이 가족들의 생활을 책임지고 있는 보통 일반 가정과는 반대인 경우였다.

게다가 남편은 바람둥이라고 했다.

결혼한 후 벌써 네번째 여자를 편력했다고 했다.

부인의 이야기로는 자기는 많은 친지와 하객들의 축복을 받고 결혼한 몸이라 되도록이면 가정을 깨고 싶지 않다고 했다.

남편은 2년 전에 어떤 노처녀와 놀아나서 가출했고, 그녀와의 사이에는 딸까지 낳았다고 했다.

그런데 2년만에 남편이 다시 집으로 돌아오긴 했으나, 알고보니 몸만 돌아온 것이고, 마음은 여전히 다른 곳에 가 있으니, 이제는 더 이상 참을 수 없다고 했다.

남편과 헤어지더라도 두 아이들은 계속해서 자기가 양육하겠 노라고 했다.
 부인의 이야기를 들으면 모두가 남편의 잘못일뿐, 그녀에게는 아무런 잘못도 없다는 이야기가 되는 셈이다. 그러나 나는 그렇게 생각하지 않는다.
 부부 사이의 일은 남들은 모르는 것이고 깊이 살펴보면 불행도 행복도 양쪽이 반씩 책임지게 마련이다.
 만일 이승에서의 만남에 원인이 없다면 전생을 조사해 볼 필요가 있다. 이 경우도 그러했다. 부인의 말대로 남편은 병적인 난봉꾼이고, 부인에게는 아무런 잘못도 없다는 그녀의 생각은 옳은 것 같았다. 그러나 사실은 그렇지가 않았다.
 내가 영사해 보니 이들 부부는 전생에서 부인이 남편이었고 남편은 그의 소실이었다.
 본처가 죽자 소실은 당연히 자기가 정실로 앉혀질줄 알았다. 그러나 남편은 전혀 그럴 생각이 없었다.
 남편은 소실에게는 한마디 의논도 하지 않고 처녀장가를 들었다.
 '너는 소실일뿐 절대로 본처가 될수 있는 자질이 없다'는게 남편의 생각이었다.
 그는 무엇이든 한번 자기가 옳다고 판단을 내리면 절대로 번복하지 않는 성격이었다.
 분에 못이긴 소실은 남편의 집안에서 뛰쳐나가 술집의 작부가 되어 많은 남자들 사이를 전전하다가 불행한 일생을 마치고 말았다.
 다음 생애가 있다면 반드시 남자로 태어나서 자기를 버린 남편을 여자로 변신케 하여 고통을 주리라고 저주를 했다. 그 결과 이들은 뒤바뀌어 태어난 것이다.

"부인은 겉모습은 가장 여성다운 분이지만 성격은 그렇지가 않군요. 한번 이렇다고 결정을 내리면 결코 바꾸는 일도 없고 그런 판단을 내린 것을 후회하지도 않는 성격같은데, 내 판단이 맞습니까?"
하고 나는 반문했다.

부인은 내 말이 옳다고 했다.

"남편을 모시고 오세요. 그리고 오늘 한 이야기는 절대로 하셔서는 안됩니다. 사태를 더 악화시킬 가능성이 있기 때문입니다. 내가 두분이 함께 오면 이야기해 주겠다고 하더라고 말씀하세요. 그러면 며칠 안에 남편이 여기로 찾아오게 될것입니다."
하고 나는 부탁했다.

부인에게 진동수를 마시게 한 뒤, 진동수로 열 한번 세수를 시켰더니 남자같던 인상이 사라지고 아주 고운 중년부인의 모습으로 변했다.

"사실은 남편이 먼저 선생님 책을 읽고 저에게 가보라고 해서 온 것입니다. 남편은 직접 찾아오는게 창피스러웠던 모양입니다."
하고 부인은 돌아갔다.

그로부터 며칠이 지난 뒤였다.

그 부인이 남편과 함께 다시 나를 찾아왔다. 그리고 남편은 딸까지 낳았다는 여자 사진을 내 앞에 내어 놓았다.

나는 사진을 본 순간, 깜짝 놀라지 않을 수 없었다.

남편이 지난 2년 동안 함께 살았다는 그 여자의 인상이 너무도 본처와 닮았기 때문이었다.
"'한 놈의 계집은 한 넝쿨에 열린다'라는 옛 속담을 아십니까?"
하고 나는 남편에게 물었다.
그는 무슨 뜻인지 모르겠다는듯, 어리둥절한 표정으로 나를 쳐다보았다.
"처음에는 그렇지 않았겠지만, 함께 살고보니 어떻습니까? 이 여자의 성격과 부인의 성격이 같지 않던가요?"
하고 나는 물었다.
그는 그렇다고 했다.
"시간이 지나고 보니 어쩌면 제 아내와 똑같은지 정말 놀랐습니다. 아내에게서 도망친다는 것이 또 다시 아내와 똑같은 성격의 여자를 만나게 된 것이죠."
하고 그는 탄식했다.
"부인은 한번 이렇다 결정을 내리면 절대로 그 생각을 고치지 않고, 끝없이 열등감을 느끼게 하지 않던가요?
그래서 마음을 편안하게 해 주는 여자를 찾아서 여지껏 여성 편력을 한게 아닙니까?"
하고 나는 다그쳐 물었다.
그는 내 말에 솔직히 시인했다.
비로소 나는 그들 부부의 전생 관계를 이야기해 주었다.
"결국 지금 두분의 운명은 전생에서의 행동에서 원인이 되었던 것입니다. 선생의 강력한 염력(念力)으로 해서 전생에서의 남편은 두 여자로 분신(分身)이 되어서 태어난 것이고, 두 여자를 다같이 괴롭힘으로써 전생에서의 한(恨)을 풀고 있는 것입니다."
　두 사람은 말없이 내 앞에서 고개를 숙일 따름이었다.
　"선생은 더 이상 이상적인 여자를 찾아서 헤매지 마십시오. 보다 많은 사람들을 불행하게 만들 뿐이고, 그 보복은 선생 자신이 이승에서도 또 내세(來世)에서도 받게 마련입니다.
　아마 내세에는 틀림없이 여자로 태어나서 많은 남자들에게서 고통을 받으면서 불행한 일생을 보내게 될 것입니다. 이쯤해서 업장소멸을 하세요. 다시 말하면 그 여자와 헤어져서 완전히 부인에게로 돌아오거나, 아니면 부인에게 자유를 주시고, 본인이 뜻하는 곳에서 성공하도록 최선을 다하십시오."
하고 나는 결론을 맺었다.
　부부는 고맙다는 인사를 하고 돌아갔으나, 그 뒤로는 아무런 연락이 없다. 악인연의 사슬을 풀고, 저마다 행복해지는 길을 가게 되기를 바라는 마음 간절한다.

　이번에는 조금 색다른 경우를 소개해 볼까 한다. 한 직업여성이 있었다. 그녀는 30대 후반인데 여류사업가로서 꽤 성공한 독신녀였다.
　경제적으로도 풍요했다. 사업도 잘 되어가고 있었다. 주위에서는 그녀를 사업과 결혼한 여자라고 했다.
　생활에는 아무런 불편이 없었으나, 일이 끝나고 혼자 사는 넓은 아파트에 돌아오면 가슴을 파고드는 고독감을 때로는 느낄 때가 있었다.
　이런 그녀가 사랑에 빠졌다.
　자기 보다 두살이나 아래인 남자였다. 부인이 있었으나 2년 전에 교통사고로 죽었다고 했다.
 그녀는 남자의 말을 그대로 믿었다. 당연히 결혼할 것으로 생각하고 준비를 했다. 그러나 남자는 차일피일 결혼을 회피했다.
 사업이 잘 안된다고 해서 그녀는 경제적으로도 남자를 많이 도와줬다. 그러나 결국 알고 보니 남자에게는 부인이 있었다. 심장병을 앓고 있는 부인이었다.
 2년 전에 교통사고 후유증으로 생긴 병이라고 했다. 이 때문에 그들 부부는 남이 된지 오래라고 했다.
 "내가 지금 그녀와 이혼하자고 하면 그녀는 정신적인 충격 때문에 심장마비를 일으킬게 분명합니다. 내가 아무리 당신을 사랑해도 한 여자를 우리의 결혼때문에 죽게 할 수는 없지 않소?"
하고 남자는 그저 기다려 달라고 애원할 뿐이었다. 남자의 이야기를 듣고 보니 심장병을 앓고 있는 그의 부인이 새삼 불쌍한 생각이 들기도 했다.
 그렇다고 남자하고 헤어질 생각은 들지 않았다. 사업에만 온 정성을 쏟아 온 그녀에게는 이 남자가 첫사랑이었기 때문이었다.
 "여지껏 저는 떳떳하고 당당하게 살아 온 몸입니다. 그런데 왜 이제와서 나는 떳떳지 못한 첩의 신세에 만족해야 하는 거죠. 그것도 남자의 뒷바라지를 하느라 많은 돈을 대어주면서까지 말입니다."
하고 그녀는 울부짖듯이 하소연 했다. 내가 쓴 〈인과응보〉와 〈업장소멸〉을 읽고, 자기의 전생이 어떠했는지 알고 싶다고 했다.
 나는 그녀를 영사한 다음에 이야기했다.
 "당신은 전생에 인조대왕(仁祖大王)의 따님들 가운데 한 사람이었죠. 공주가 아닌 후궁 몸에서 태어난 옹주였죠. 경상도 안동땅 어느 양반댁 아들이 청지기의 딸과 정을 맺었으나 서로 지체가 달라 혼인을 하지 못했어요. 과거에 급제하면 첩실로 들어오게 해주고 새장가를 가도록 하라고 부모는 이야기했는데 대과(大科)에 급제를 하여 상감과 알현한 자리에서 그만 상감님의 마음에 들어 꼼짝없이 옹주의 부마가 되었던 것이죠. 그러니까 먼저 살던 청지기 딸 이야기는 입밖에도 낼수 없는 처지가 되었던 거죠.

옹주와 부마는 덤덤하게 살았고 어느날 밤, 옹주의 시녀는 부마가 담장을 넘어 가는 것을 목격했죠. 시녀는 당연히 옹주에게 이 사실을 고해 바쳤고, 옹주의 명령을 받은 하인이 불침번으로 섰다가 부마가 월장하는 것을 보고 그 뒤를 밟아, 부마가 따로 살림을 차린 청지기 딸이 사는 집으로 들어가는 것을 확인했지요. 다음날 궁궐은 발칵 뒤집혀지고, 부마는 옹주 앞에서 다시는 청지기 딸을 만나지 않겠노라고 맹세를 했죠. 옹주는 청지기 딸을 불러다가 곤장 백대를 때리니 청지기 딸은 옹주를 저주하면서 그 자리에서 숨졌지요. 청지기가 청지기 자리에서 떨려난 것은 말할 것도 없구요."

하고 나는 그녀의 얼굴을 바라다 보았다.

"그런 전생의 업보로 제가 이런 신세가 된 것이로군요. 이 업장을 해결하려면 남자를 놓아줄 수 밖에 없겠군요."

하고 그녀는 눈물을 흘렸다.

이 예에서도 알수 있듯이 남녀의 끈끈한 인연은 죽음을 넘어서도 계속된다는 것을 알수 있을 것이다.

애정문제 때문에 고민하다가 나를 찾아오는 이들을 보면 구별없이 전생의 복잡한 인연이 얽히고 설켜 있음을 알수 있다. 그래서 나는 남녀 관계는 일반적인 선악관념으로는 판단하기 어려운 뿌리깊은 것임을 깨닫게 되었다.

 여러 번의 생애에 걸쳐서 여승이었다든가, 수녀였다든가, 비구승이었던 사람들은 대체로 이성(異性)과 인연이 없는 것도 사실이다.

# 전생(前生)은 존재하는가?

　지금으로부터 100년 전만 해도 인간에게는 영혼이 있음을 의심하는 사람은 거의 없었던 것으로 생각된다. 특별히 불교신자가 아니더라도 인간에게는 영혼이 있다는 사실, 죽으면 저승사자의 안내로 저승으로 떠나야 되며, 저승에 갔던 영혼이 다시 갓난애로 태어난다는 것을 의심하는 사람은 거의 없었다.
　죽은 사람으로서, 그 영혼이 지옥에 떨어진 사람도 죽은지 돌이 되면 저승사자의 안내를 받아서 자기 집에 제사밥을 먹기 위해 돌아온다는 것을 모두 믿었기에 어려운 살림 속에서도 조상의 제사는 정성스레 모셨던 것이 우리네의 오랜 전통이다.
　그런데 요즘 사람들은 영혼의 존재를 믿는 사람 보다는 안믿는 사람이 더 많다.
　특히 기독교 신자들인 경우에는 제사를 지내지 않는다. 죽은 사람의 제삿날이 되면 살아 있는 가족들이 모여서 죽은 사람을 기리는 추도식을 열고 기도를 하고 찬송가를 부를 뿐, 제사상을 차리는 일은 거의 볼 수 없다.
　이것은 산 사람들의 죽은 이를 추모하는 모임일뿐, 전통적인 의미에서의 제사는 결코 아니라고 생각한다. 제사를 지내는 것이 번거로워서 기독교로 개종(改宗)하는 사람도 많다는 이야기를 들었다.
 허기야 살아 있는 노부모도 모시지 않는데 돌아가신 조상에 관심이 있을 까닭이 없다고도 생각된다. 그러나 사람은 누구나 언젠가는 죽게 마련이다.
 본인이 죽어서 저승에 가면 제사밥을 얻어먹지 못하게 마련이고, 그때가서 후회해 봤자 소용없는 일이다.
 나는 생각한다. 세상에서 가장 큰 죄악중 하나는 잘못된 것을 진리(眞理)인양 전하는 일이라고 생각한다.
 기독교의 사상에 의하면 예수님을 통해서만 구원을 얻을 수 있다고 했다.
 우리나라에 기독교가 들어온 것은 겨우 백여년 밖에 안되는데, 그렇다면 그전에 살았던 착한 사람들의 영혼은 구원을 받지 못했다는 이야기가 되는 것이다.
 기독교의 이론에 따르면, 사람은 죽어서 떠날 뿐, 새로 태어나는 어린이들의 영혼이 어디서 오는지에 대해서는 전혀 납득할 만한 설명이 없다.
 엄격한 의미에서 보면, 기독교는 영혼의 윤회법칙을 인정치 않고 오직 하나님의 존재만을 믿는 매우 독선적인 종교임이 확실하다.
 기독교는 어디까지나 유태인의 세계에서 발생한 민족종교였던 것이며, 로마 제국이 이 종교를 국교로 인정함으로써 세계 종교가 된 것이다.
 한국인들은 어디까지나 한국인이지 유태인의 후손은 아닌데 어째서 그들의 종교가 우리 종교가 되었는지 알 수가 없다.

예수님의 박애사상을 믿고 실천하는 것은 좋지만, 너무 기독교를 맹신하는 데는 큰 문제가 있다고 생각한다.

더구나 얼마 전에 세상을 떠들썩하게 만든 휴거 사상은 정말 얼토당토 않는 망상(妄想)인 것이다.

동서양의 모든 종교는, 인간의 영혼은 영생불멸의 존재라고 했다.

육체란 이승에서 영혼이 살아가기 위해 겉에 걸치는 옷과 같은 것이라고 했고, 옷이 더러워지면 다시 바꾸어 입듯이 옷을 벗어버리는게 곧 죽음이라고 했다.

그러기에 죽음은 새로운 삶을 위한 출발을 뜻하는 것이라고도 했다.

지금도 일부 종교에서는 죽음은 슬퍼할 일이 아니라고 주장하는 종파도 있다. 그런데 인간은 언제부터인지 물질만능 사상을 갖게 되면서 부터 영혼의 존재를 믿지 않게 되었다.

영혼을 믿지 않는 사람들에게 죽음은 새로운 인생의 출발점이 될 수 없고 곧 종말을 뜻하게 된다.

무슨 짓을 하든, 법망에만 안 걸리게 돈을 벌면 된다는 사상이 우리가 지켜 온 도덕을 타락시켰고, 그래서 세상은 날이 갈수록 살기 어렵게 되어가고 있다고 생각한다.

어제가 있어서 오늘이 있고, 오늘이 있어서 내일이 있듯이, 우리의 영혼은 그 겉모습인 육체만 바꿀 뿐, 영속되는 생명체이다.

이 우주는 눈에 보이지 않는 우주 곧 다차원세계(多次元世界)와 눈에 보이는 물질우주가 공존(共存)하는 세계이고, 오히려 우주의 본질로 보면 보이지 않는 세계가 더 크다는 것을 알아야 한다.

오늘날의 과학은 눈에 보이는 물질세계만을 존재하는 우주의 전부라고 보기 때문에 불완전한 과학을 못 면하고 있는 것이라고 생각한다.

우주 공간에는 무한한 전자력(電磁力)에너지가 충만되어 있으나, 오늘날의 과학은 그것을 이용하지 못하고 있다. 물질에서 불완전하게 에너지를 끄집어 낼뿐, 눈에 보이지 않는 전자력으로 물질을 만들어 내지는 못하는게 오늘날의 과학인 것이다.

물질을 순수한 형태의 에너지로 바꿀 수 있다면, 세계의 산적해 있는 쓰레기 문제는 간단하게 해결되리라고 생각된다. 또한 에너지 위기도 쉽게 극복될 것이다.

이야기가 또 옆으로 빗나갔기에 본론으로 돌아온다.

우리는 작년에 있었던 일은 고사하고 나이가 들면 어제 있었던 일, 아니 방금 전에 겪은 일도 잘 기억하지 못하게 된다.

이와 마찬가지로 우리가 전생(前生)을 기억하지 못한다고 해서 전생이 존재하지 않는다는 증거가 되는 것은 아니다.

인간의 영혼이 영속하는 존재이고, 이 우주에는 분명히 인과응보, 공생공존, 불간섭의 원칙이 존재할 뿐더러 엄격하게 지켜보고 있다는 것, 우리의 문명이 지금 파국(破局)으로 치닫고 있는 것은 이 우주법칙의 존재를 모르고 있고, 또 이것을 지키고 있지 않는 반작용(反作用) 때문임을 모두 알게 된다면 세상은 훨씬 살기 좋게 변화되리라고 생각한다.

그리고 인간에게 다시 도덕성이 회복될 것이다.

〈필요한 것을 뺏어라!〉—이것은 오늘날의 서구사상인데, 이것이 무신론(無神論)과 결부되면서 도덕율(道德律)을 파괴하여 세계를 파멸로 치닫게 만든 큰 원인이 됐다고 생각한다.

인간에게 전생이 있다는 것은 분명한 사실임을 모두가 믿어야 할 것이다. 죽으면 모든게 끝나는게 아니라, 저승으로 가서 이승에서 행한 일에 대하여 심판을 받고, 새로운 인생을 출발하기 위한 준비기간으로 들어간다는 사실을 우리 모두가 명심할 필요가 있다.

## 후생(後生)에 대하여

　인간에게 분명 전생이 있다면 죽은 뒤에는 어떻게 될 것일까 하는 당연한 의문이 생길 것이다.
　몇번 말했지만, 우리가 살고 있는 이 우주에는 전체 우주를 관장하는 분이 있고, 우주를 다스리는 세가지 법칙이 있다.
　그 첫째가 인과응보, 곧 원인이 있으면 반드시 그 결과가 뒤따른다는 것, 우주의 모든 생명체는 서로 도우면서 살아가게 되어 있어 공생공존(共生共存)해야 한다는 것, 그리고 그 다음에 가장 이해하기 어려운게 불간섭의 법칙이다.
　그러니까 우리의 후생은 우리가 이승에서 어떤 원인을 만들었느냐에 의해 결정되게 마련이다. 이승에서 아내를 비롯한 많은 여성에게 고통을 준 사람은 다음 후생에서는 어김없이 여성으로 태어나 여성이 받는 모든 고통을 받게 된다.
　전생에서 자기가 괴롭힌 아내가 후생에서 남편이 되어서 군림하고, 바람을 피워서 고통을 주는 것이다.
　자기가 억울하다고 생각하고 계속해서 남편을 원망하면 그 고통이 계속되지만, 윤회의 법칙을 깨닫고 전생에 있었던 잘못을 뉘우치면, 대개의 경우 상대방의 태도에 변화가 온다. 즉, 상대방을 변하게 하려면 자기 자신이 먼저 변하면 된다는 것을 이해하기 바란다.

나는 전생에서 살생의 업을 많이 지은 사람이다. 그러기에 이번 생에서는 수많은 사람들을 내가 찾아낸 체질개선법을 활용하여 살려주고 있는 것이라고 생각한다.

하늘이 나에게 여러가지 초능력을 준 것도 이 일을 하도록 하기 위함이라고 생각한다.

또한 과거에는 우주법칙을 잘못 해석하고 잘못 전달했으므로 이번 생애에서는 우주법칙을 바로 깨닫고 바로 전하는 일에 신명을 바치는 입장이 된 것이라고 짐작된다.

전생에서 나는 책을 쓴 일이 없다고 생각된다. 입으로만 전했기에 많은 진리를 와전시켰고, 그러기에 이번 생애에서는 내가 직접 글을 쓰는 입장이 된것이 아닌가 라고도 생각된다.

어떤 사람들은 나를 대단한 존재로 아는 이들도 더러 있지만, 사실 알고 보면 그렇지가 않고 그 반대라고 생각된다.

지금 이 세상에 살고 있는 어느 누구보다도 과거세에서 우주법칙을 많이 어겼고, 많은 죄를 지은게 아닌가 생각된다.

나는 살아 있는 한, 최선을 다해 사람들을 도와줌으로써 전생에서 지은 많은 죄들을 깨끗이 청산하려고 생각한다.

모든 초능력이 필요하지 않은 평범한 사람으로 돌아가, 죽기 얼마 동안만이라도 내 신변만 돌보고 살아갈 수 있는 평범한 인간으로 돌아갔으면 한다.

그 소망이 과연 이루어질 수 있을지 지금은 막연하지만 숨이 붙어 있는 한 최선을 다할 결심이다.

## 나타난 전생의 기록

영혼이 붙어 있는 사실을 사진을 보고 찾아 낸 일이 많을 뿐만 아니라, 사진을 통하여 전생의 기록을 알아 낸 경우도 많다.

사진을 처음 본 순간, 그 사진 주인공의 전생에 있었던 일들이 나의 심안(心眼)에 비추었을 때, 사실 누구보다도 놀란 것은 나 자신이었다.

이 세상에 숨겨진 비밀은 없구나 하고 감탄하지 않을 수 없었다.

나의 본업이 비록 소설가라고는 하지만, 사진을 본 순간에 복잡하기 이를데 없는 과거 인간의 생애를 전부 알아낼 수는 없는 일이기 때문이다.

그래서 이번에는 그런 이야기를 하나 소개하여 볼까 한다.

퍽 오래전의 일이다.

어느 날, 지방에서 두명의 손님이 나를 찾아 왔다.

"안선생님은 본인이 그곳에 없어도 사진만 보시고도 영사를 하신다고 들었는데 그게 사실입니까?"

서로 인사를 나눈 뒤, 한 손님이 질문을 했다.

"네, 그렇습니다."
"그러시다면 이 사진을 보시고 영사를 해 주십시오."
하고 말하면서 그는 남산기념(南山記念)이라는 글씨가 찍혀 있는 어느 중학생의 사진을 내어 놓았다.
"아드님이군요."
"네, 그렇습니다."
"이 아이는 성격에 결함이 있군요. 혹시 도벽이 있는게 아닙니까?"
"그렇습니다. 이 아이는 악성의 도벽을 갖고 있습니다. 부끄러운 이야기입니다만, 지금은 소년원에 수감되어 있습니다. 저의 집안은 가난하지도 않고 또 외아들이기 때문에 용돈을 충분히 주고 있는데, 아무리 애를 써도 이 나쁜 버릇을 고칠 수가 없군요. 안선생님이 쓰신 책을 읽고, 어쩌면 빙의령때문에 생긴 나쁜 습관이 아닌가 하는 생각이 들어서 찾아 왔습니다."
"전생에서 도적으로 처형된 다섯명의 망령들이 붙어 있군요."
"저로서는 얼른 믿어지지 않습니다만 그 이야기를 좀 더 자세히 해 주실 수는 없겠습니까?"
라고 다시 말했다.

조선 말기에 실제로 있었던 일이 아닌가 생각된다.
강화유수(江華留守)로 임명된 이선임(李善任)은 성격이 아주 강직했고, 그에게는 장성한 아들이 한명 있었다.
이때 강화도에는 유명한 도적인 가족 다섯명이 살고 있었다.
그들이 여러 번에 걸쳐서 죄를 졌을 때였다. 이선임은 굉장히 화를 내며 그들에게 매질을 300번 하라는 형을 선고했다. 300번의 태형(笞刑)이란 실제에 있어서 사형과 똑같은 형벌이었다. 300번씩이나 매를 맞고 살아 남을 수 있는 사람은 거의 없기 때문이다.

이 이야기를 전해들은 이선임의 아들은 동헌(東軒)에 나와 아버지께 간언을 했다.

"아버님, 그까짓 좀도둑질한 사람들에게 300대의 태형을 내리신 것은 너무도 가혹하지 않습니까? 그와 같이 해서 다섯명의 가족들이 전부 죽어버리면 일가족을 몰살시킨 중벌을 주신게 됩니다. 벌을 조금 가볍게 내려 주시지요."

아들의 간언을 듣고 이선임은 몹시 화를 냈다.

"무슨 소리를 하는 거냐? 너는 학문을 열심히 닦아야 할 몸이 아니더냐? 학문을 닦아서 과거에 급제하도록 애를 써야 할 몸이 아비가 하는 일에 대해 참견을 하다니 당치도 않는 행동이니라. 이놈들은 도저히 바로잡을 수 없는 도벽을 가진 상놈들이다. 이번 기회에 종자를 없애지 않는다면 장차 세상에 큰 화를 가져 올 녀석들이야. 알겠느냐?"

"그러나 아버님의 처사는 분명히 직권을 남용하시는 것이라는 생각이 듭니다. 좀도적들을 태형 300대를 내리신 것은 너무도 큰 중벌입니다."

"잔소리 하지 말아. 누가 놈들을 사형에 처하고 했느냐? 태형 300대의 형에 처하는 것이니라!"

"말씀은 어떻게 하시든 대답은 같지 않습니까?"

"또 다시 이런 일로 내가 하는 일에 방해한다면 너는 내 아들이 아니니라, 알겠느냐?"

하고 이선임은 크게 화를 냈다.

결국 좀도적들은 형장의 이슬로 사라졌다.

"이때의 강화유수가 곧 도벽을 지닌 당신의 아들이고, 그때의 유수의 아들이 당신인 것입니다."

"부자가 이렇듯 바꿔 태어나는 경우도 있습니까?"

"물론입니다. 그때의 유수의 아들은 심령적으로 볼때, 아버지의 입장에 서 있었기 때문에 이와같이 반대로 태어난 것입니다."

"그러나 그때 강화유수가 좀도적들을 실제로 사형에 처한 것은 그 나름대로 무언가 숨겨진 동기가 있었던 것이 아닐까요?"

"아주 좋은 질문을 하셨습니다. 물론 분명한 이유가 있었습니다. 이때의 유수는 단종(端宗) 시대에 처형된 충신(忠臣)이었던 사육신들 가운데 한 사람이었고, 다섯명의 도적들은 사육신을 함정에 빠뜨려 그들을 역신(逆臣)으로서 처형시키고 공신이 되어서 죽은 충신들의 계집과 재산을 왕으로부터 하사받은 사람들의 재생(再生)된 모습이었던 것입니다. 그들은 전생에 있어서 실제로 도적이었습니다. 아무런 죄도 없는 충신들을 역신으로 몰고, 그들의 재산과 명예까지 수탈했기 때문에 다음 생애에서는 도적이 되어서 인과법(因果法)에 의한 처벌을 받은 것입니다."

"그렇다면 끝이 없지 않습니까? 그와 같은 사실을 잊고 이번에 또 다시 빙의되었으니 말입니다."

"이것은 분명히 악순환입니다. 사진을 두고 가십시오. 아드님이 소년원에서 석방되거든 '옴 진동수'를 100일 이상 마시게 한 뒤에 데리고 오십시오. 체질개선 시술을 받게 한 뒤에 제령을 한다면 도벽은 없어질 것입니다."

"그들 빙의령들을 떠나가게 한다는 말씀입니까?"
"물론입니다. 그들이 전생에서 무거운 처벌을 받는 것은, 그 앞의 세상에서 저지른 죄업(罪業)때문이었으므로 잘 인식시켜 주고 아드님을 용서할 마음을 일으키게 하여 저승으로 보낸다면, 이것으로서 악순환은 끝나고 모두가 구제될 것입니다."
하고 이야기를 했다.

그뒤 도벽을 지닌 소년은 소정의 과정을 겪고 출소한 뒤 제령을 했는데, 그 결과 도벽은 완전히 없어져 모범 소년으로 성장했다.

# 백내장(白內障)이 벗겨진 이야기

　백내장이라는 병이 있다. 눈동자에 하얀 막(膜)이 덮혀서 실명(失明)하게 되는 병이다.
　백내장은 안과에서 수술로서 치유될 수 있는 병이지만, 대개는 그 뒤 결과가 좋지 않다고 한다. 다시 재발을 하기 때문이다.
　백내장은 어떤 내장의 고장에서 비롯된 결과이지 그것 자체가 질병이라고는 생각되지 않는다.
　결과를 없애도 그 원인을 모르고 제거하지 못하면 다시 재발하기 마련이다. 생각하면 어디 백내장뿐인가?
　요즘 사람들은 현대의학을 대단한 것으로 알고 있지만 인간 자체의 생명의 비밀스런 가장 중요한 부분을 모르고 있는 것이 오늘날의 의학이고 보면 모든 질병의 결과만 갖고 다스리지 그 발생원인 자체를 정확하게 모르고 있기 때문에 현대의학은 절름발이 형태를 면치 못하고 있다.
　인간의 영혼이 과학적으로 무엇이며, 육체와는 어떤 필연적인 상관관계를 갖고 있는가를 현대의학에서 받아들이는 날, 그야말로 현대의학은 완전한 의학 구실을 하게 될 것이다.
　인간이란 에너지 생명체인 영혼과 탄소형 생명체(炭素型生命

體)인 육체가 한데 어우러져 완전한 작용을 하고 있는 것을 말하는 것이지 에너지 생명체가 나가 버린 시체는 인간이 아니며, 또 육체를 지니지 않는 이른바 영혼 단독의 존재도 인간은 아닌 것이다.

오늘날의 심령과학은 육체 인간에게 영혼이 존재하며, 육체가 죽은 뒤에도 영혼은 계속 존재한다는 사실을 증명하는데 전력을 다하고 있지만, 이것은 결과적으로는 우리에게 큰 도움이 되지 않는다.

왜냐하면 심령과학의 지식이 없이도 많은 종교인들은 영혼의 존재를 믿고 있으며, 또 아무리 심령 사진을 내놓아도 영혼의 존재를 믿지 않는 사람은 절대로 믿지 않기 때문이다.

그 이유가 무엇인가? 대답은 아주 간단하다고 생각한다.

영혼이라는 생명체가 꼭 육체 속에 들어가 있어야 할 필연적인 이유 즉, 육체를 영혼이 필요로 하는 까닭을 과학적으로 분명히 설명해 주고 증명해 주면 누구나 인간이 복합 생명체임을 알게 될 것이다.

믿는다는 것은 어디까지나 추상적인 것이고, 알게 된다는 것이 중요하다. 알게 되어서 믿어야 그것이 진짜 믿음이라고 생각한다.

하나님이 존재하심을 일상생활의 체험에서 뼈저리게 알게 되어 믿는 것과 막연하게 믿는 것은 하늘과 땅의 차이가 있음과 같은 이치이다. 그러니까 현대의학이 인간이란 육체를 뜻함이며, 육체가 살아 있는 동안 (어떻게 하여 육체가 살아 움직이는지도 정확하게 모르고 있는 것이 오늘날의 의학이다) 그 결과 마음은 존재한다. 따라서 육체가 그 기능을 잃게 되면 마음도 소멸된다는 것이 대체로 현대의학이 취하고 있는 입장이라고 보겠는데, 첨단적인 수준을 과시하면서도 그 많은 난치병이 생기는 원인을 모르는 것은 필경 의학 자체가 인간을 보는 입장에 근본적인 잘못이 있음을 시인하지 않는 한 현대의학은 더 이상 발전할 여지가 없는 것이다.

'마음이 가난한 자에 복이 있다'는 말이 있다. 마음을 비우고 겸손한 사람은 얼마든지 정신적으로 자랄 수 있지만, 자기가 알고 있는 상식의 벽 속에 스스로를 가두고 있는 교만한 자에게는 발전이 없다.

한마디로 말해서 현대의학은 교만한 인간과 같은 존재라고 할 수 있다. 자기네들이 연구하는 방법만이 옳은 것이고, 다른 방법으로 인간의 영혼과 육체를 연구하는 것은 범죄자 취급을 하고 있기 때문이다.

그것을 가장 잘 나타낸 것이 의료법이다. 앞으로는 의사가 아니더라도 인간을 연구할 수 있는 길이 열려야 하며, 그런 다른 분야에서 얻어진 지식을 현대의학에서 인색하지 않게 받아들일 때, 비로소 현대의학은 완전한 의학으로서의 발전이 이루어질 것이다.

그 가까운 예가 나의 경우로서 나는 문학가이며, 심령연구가이지 결코 의사는 아니다.

하지만 지난 몇년 동안 나의 체질개선연구원을 찾은 사람들 가운데에는 미국 하버드 대학에서 의학박사 학위를 받은 사람도 있었고, 그는 자기의 지병을 체질개선 시술을 받아 완치된 바 있다.

그동안 많은 의사들이 나를 찾아 왔는데 그런 사람들이야말로 현대의학을 위해서 크게 공헌할 사람들이다.

대학을 졸업하고 사회적으로 높은 자리에 있다고 해서 반드시 참다운 지성인은 아니다.

이름을 대면 누구나 알만한 유명한 여류학자가 있는데 그녀의 딸이 난치병으로 고생하여 나는 그녀 남편의 부탁을 받고 정성을 다해 도와 준 일이 있다.

그뒤 그녀가 쓴 책을 보니 나를 형편없는 인간으로 적어 놓았다. 다행히 나의 이름은 밝히지 않았지만 이런 사람이야말로 지성인의 탈을 쓴 무식한 인간의 가장 대표적인 예라고 할 수 있다.

백내장 이야기를 하다가 이야기가 엉뚱한 곳으로 빗나간 것 같아서 다시 본론으로 돌아 온다.

얼마 전 나를 찾아 온 손님 가운데 백내장이 하얗게 낀 사람이 있었다.

부인의 말에 의하면 13년 전에 한번 각막 수술을 받았는데 다시 백내장이 끼었다는 것이었다.

나는 백내장은 안과에서 외과적으로 처리할 문제라고 생각하고 있었기에 그것을 고치겠다는 생각은 애당초 없었다.

어려서 세상을 떠난 고모님의 영혼이 환자에게 빙의되어서 성격이 뒤틀리고 허송 세월을 보냈다는 이야기를 들려 주니까,

"저의 남편 성격이 그러고 보니까 안선생님께서 말씀하신 것처럼 남편의 고모님 성격과 똑같은 것 같습니다."

하고 부인이 놀라워 했다.

이틀에 걸쳐서 체질개선 시술을 하고 사흘째 되던 날 제령을

했다. 그 순간이었다.

"아이구머니, 백내장이 없어졌네요. 13년 동안이나 끼어 있던 것이 삽시간에 없어졌어요."

부인이 감탄을 하면서 들려 준 이야기였다.

"돌아가신 시고모님이 혹시 백내장이었던게 아닙니까?"
하는 나의 물음에,

"네, 그렇다고 봅니다. 돌아가실 때는 실명(失明)하셨다는 이야기를 들었으니까요."

그러니까 이 경우는 빙의령에 의한 백내장이었기 때문에 제령이 됨과 동시에 백내장이 소멸된 것이 아닌가 생각되었다.

나는 생각했다. 역시 백내장은 일반적인 외과수술에 의해 제거되는 것이 원칙이며, 이 경우는 어디까지나 예외라고 본다.

질병의 원인을 알려면 인간의 정체부터 밝히는게 가장 중요하다고 생각되는 좋은 예라고 하겠다.

## 어느 가출 청년의 경우

몇년 전에 있었던 일이다.

3년 전에 말 없이 집을 나간 아들을 찾아달라고 어떤 노부부가 나를 찾아왔다.

"저희들은 대구에 살고 있었습니다만, 지금부터 3년 전에 서울로 이사를 왔습니다. 그때 대구로 마지막 짐을 가지러 갔던 아들이 그곳에도 도착하지 않고 집에도 돌아오지 않은채 그대로 행방불명이 되었습니다."

"마음에 잡히는 데를 찾아 보셨나요?"

"네, 마음에 잡히는 곳은 모두 찾아보았고, 신문광고까지 냈지만 전혀 소식이 없습니다. 길가에서 보았다는 사람도 없고, 죽어서 어딘가 남모르는 곳에 암매장 당했다면 모를까, 이렇게 아무런 흔적도 없이 증발해 버린다는게 정말로 가능한 일일까요?

이번에 주민등록증이 바뀌니까 한가닥 희망을 가져 보았지만 역시 아무런 소식이 없었습니다."

하고 그 부인은 눈물짓는 것이었다.

자세히 이야기를 듣고 보니 서울대 공과대학을 우수한 성적으로 졸업한 젊은이였다. 나도 적지 않게 당황했다. 산더미같은 볏짚속에 파묻힌 바늘 하나를 찾는 일과 같았기 때문이었다.

"그러면 아드님의 사진을 가지고 오셨습니까?"

"네, 여기 사진을 갖고 왔습니다."

하고 내미는 것을 보니, 죽은 사람은 아니었다.

"사진을 놓고 가십시오. 내가 이 사진을 통하여 영사해 본 바에 의하면 아드님은 어딘가에 분명히 살아 있는 것같이 느껴집니다. 사진을 여기 두고 가시면 제가 아드님의 보호령을 불러서 어떻게 해서든 집으로 돌아가도록 애써 보겠습니다."

"그러면 언제쯤 아들이 돌아오게 될까요?"

"적어도 한달 정도는 걸릴 것입니다. 하여튼 기다려 보십시오."

하고 그날은 그대로 돌려 보냈다. 그로부터 꼭 한달째 되던 날이었다.

밤 10시경, 누군가가 현관의 초인종을 눌렀다. 손님이 찾아올 시간도 아닌데 웬일인가 하고 나가 보았더니 예의 가출한 아들의 사진을 맡기고 간 부인이 낯선 젊은이와 어둠속에 서 있지 아니한가.

"이렇게 늦게 웬일입니까?"

하고 말하면서 자세히 살펴보니까, 곁에 서 있는 젊은이는 사진에서 낯이 익은 얼굴이었다.

"제 아들입니다. 오늘이 꼭 한달째 되는 날입니다만, 이 애가 느닷없이 집에 돌아왔습니다. 너무나도 이상한 일이기도 하고, 인사도 드려야겠기에 이렇게 늦은줄 알면서도 찾아 왔습니다."

하고 부인은 또 다시 눈물을 짓는 것이었다.

이야기를 듣고 보니, 그동안 아들은 어떤 공장에서 일을 하고 있었다고 했고, 기숙사에 있었기에 전혀 외출도 하지 않았다는 이야기였다.

"그렇기로서니 3년 동안이나 집에다가 편지 한장도 보내지 않았다는 것은 너무 했군요."

"죄송합니다. 저는 어느 정도 성공한 뒤에 부모님 앞에 나타날 결심을 하고 있었습니다. 그래서 일부러 소식도 전하지 않았던 것인데, 한달 전부터 갑자기 집이 그리워지기 시작하여 도저히 견딜 수가 없게 되었어요."

잘 생각해 보니, 나의 연구원에 이 젊은이의 사진이 보관된 그날부터 그의 심경에 큰 변화가 일어난게 분명했다.

나는 사진을 통하여 원격 암시가 가능하다는 것을 실제로 확인한 셈이었다. 그런데 그로부터 며칠이 지난 뒤였다.

그 젊은이의 어머니가 얼굴이 하얗게 질려서 다시 찾아 왔다.

"아드님이 또 가출을 했군요."

"그것을 어떻게 아셨습니까?"

"이번에는 그렇게 걱정하실 것은 없습니다. 짐을 갖고 오기 위해 집을 나간 것이니까요. 이번이야말로 완전히 집으로 돌아오기 위해서죠. 내년에는 귀여운 며느님도 맞이하게 될 것입니다."

과연 며칠 뒤에 부인으로부터 전화가 걸려 왔다. 아들이 짐을 갖고 집으로 돌아왔다는 기쁨에 들뜬 목소리였다.

정신을 통일하는 염사(念寫)의 실험

# 제5부
## 텔레파시의 세계

## 텔레파시의 원리와 그 응용

 텔레파시란, 인간이 서로 아무런 물리적(物理的)인 도구나 방법을 쓰지 않고 일종의 염력 통신(念力通信)하는 현상을 말하는 것이다.
 꿀벌들이 멀리 떨어져 있는 다른 꿀벌들에게 꽃밭의 소재를 가르쳐 주는 것도 일종의 텔레파시 통신에 의한 것이 아닌가 생각된다.
 물론 텔레파시 통신은 누구나 할 수 있는 것은 아니지만, 또한 특수한 초능력(超能力)을 가진 사람들이나 영능력(靈能力)을 지닌 사람들이 서로 텔레파시 통신을 할 수 있다는 것도 널리 알려진 사실이다.
 일설에 의하면 오스트레일리아에 살고 있는 어떤 원주민들은 선천적으로 텔레파시 능력을 갖고 있어서, 고향에서 멀리 떨어져 있는 사람도 자기 가족에게 어떤 사건이 일어나면 텔레파시 통신으로 급히 서둘러 고향으로 돌아간다고 한다.
 그러나 내가 아는 한, 문명인들 가운데 하나의 종족으로서 텔레파시 능력을 가진 사람들이 있다는 이야기는 아직 듣지 못했다. 한편, 텔레파시 통신은 살아 있는 사람들끼리 서로 주고 받을 수 있을 뿐만 아니라, 이미 죽은 사람의 영혼이 아직 살아 있는 가족들에게 장차 일어날 일들을 텔레파시로 알려 온 예는 많다.

나는 지금 여기서 텔레파시 현상의 예를 들어 그와 같은 현상이 실제로 존재한다는 사실을 알리려는 것은 아니다.

한마디로 말해서 텔레파시 현상의 존재는 분명한 사실이고, 전파와는 또 다른 시간 속을 전도(傳導)하는 일종의 염력파(念力波)인 것으로 보아, 텔레파시 현상은 4차원적인 현상이라고 생각된다.

한편으로는 텔레파시가 어떤 원리로 작용하는가 하는 문제에 대해서는 물리학적으로나, 심령과학적으로도 이렇다 할 정설(定說)이 없다. 따라서 그동안 10년 이상 연구하고 체험한 사실들을 토대로 내가 세운 하나의 가설을 소개해 볼까 한다.

사람의 간뇌(間腦)에는 송과체(松果體)라고 하는 의학적으로는 아직 그 정확한 기능이 알려져 있지 않은 신비스러운 기관이 있는데, 그 송과체 안에는 뇌사(腦死)라는 것이 있고 여덟살까지는 뇌사가 분명히 존재하지만, 그뒤 성장하여 어른이 됨에 따라 그 뇌사는 자취를 감추게 되어 흔적만 남게 된다고 한다.

대체적으로 여덟살 미만의 어린이들은 영감(靈感)·직감(直感)이 발달되어 있지만 그뒤 성장함에 따라서 영감 능력(靈感能力)은 거의 없어지게 되고 상식에 의해 온갖 사물을 판단하는 범인(凡人)이 되는 것을 보면 이 송과체 안에 있는 뇌사와 텔레파시 능력은 무엇인가 깊은 관계가 있는 것이 아닌가 생각된다.

이것은 어디까지나 내가 세운 가설에 지나지 않지만 송과체(松果體) 안에 있는 뇌사를 어떤 특수한 방법을 써서 응집시켜 아주 작은 알맹이로 만들면, 그 알맹이는 각자의 고유한 영파(靈波)의 파장에 동조할 수 있게 되는 것이다.

이 뇌사를 응집시켜 만든 알맹이를 '요가 철학(哲學)'에서는 '마니 보주(寶珠)' 또는 '제3의 눈'이라고 부른다.

나의 생각으로는 '제3의 눈'은 일종의 검파기(檢波器)로서 각자의 영파의 파장에 동조함으로써, 텔레파시파(波)의 송수신기와 같은 구실을 다하는 것이다.

불교에서는 이 '제3의 눈'을 미간(眉間)에 형성된 '사리(舍利)'라고 부른다.

어쨌든 이 '제3의 눈'을 형성시키는 데는 여러가지 방법이 있다. 우선 명상에 의한 정신 에너지를 미간(眉間)에 집중시키거나, 또는 요가의 특수한 훈련, 밀교의 수행이 있는데, 이런 경우 어느 편이나 오랜 세월을 필요로 하는 것이 큰 결점이다.

뇌사가 응집되어 사리(舍利)가 이루어진 사람인 경우, 자기가 곧 상대방이라고 생각하면, 그 순간 상대의 영파와 같은 파장을 가진 영파로 변해 송신이 가능해지는 것이다.

## 상대방의 꿈 속에 나타나다

지금으로부터 몇년 전 일이었다.
약간 노이로제 기운이 있는 중년부인이 나의 연구원을 찾아온 일이 있었다.
그녀는 남편과 결혼한 지 14년이나 된다고 하는데, 약간 변칙적으로 생활했던 모양이었다.
그녀의 남편은 외국인 상사의 직원으로서 1년 중 8개월은 해외 근무였고 나머지 4개월은 국내 근무였다. 그러니까 4개월 동안 남편과의 부부생활이 한참 재미나게 느껴지게 될 무렵이면 헤어져야 하고 나머지 8개월 동안은 독수 공방 과부와 같은 생활을 14년 동안이나 계속했다는 이야기였다.
겨우 여자 혼자서 사는데 익숙해질 무렵이 되면, 해외에서 남편이 돌아오게 되고, 또 다시 신혼생활 아닌 신혼생활이 시작되곤 했다.
이런 변칙적인 생활을 14년 동안 계속하다 보니, 그 부인은 상당히 중증(重症)의 노이로제 환자가 되고 말았다. 이제는 매일 매일 살아간다는 것 자체가 싫어서 못견디겠다는 것이었다.
삶에 대한 보람이 없어졌다고나 할까? 그래서 요즘은 자살하고 싶다는 충동을 느끼기 시작했다는 이야기였다.

"바깥 양반에게 직장을 바꾸도록 권유해 본 적은 없습니까?"

"그런데 말씀입니다, 남편 직장의 보수가 굉장히 좋거든요. 저는 굉장히 사치스러운 성격이어서 보통 월급장이의 보수로서는 도저히 생활해 나갈 수가 없습니다. 게다가 저는 무엇에 대해서나 아주 싫증을 잘 내는 성격이기 때문에 일년 내내 남편이 곁에 있는 생활은 도저히 견딜 수가 없답니다."

"그렇다면 다른 도리가 없군요."

"그런 셈입니다."

하고 부인은 쓸쓸하게 웃었다.

나의 견해로는 이것은 분명히 변칙적인 부부생활 때문에 생겨난 질병이라고 여겨졌다.

어쨌든 '옴 진동수'을 열심히 마셔서 균형이 잡혀 있지 않은 몸의 상태를 바로 잡는 수 밖에 달리 방법이 없다는 나의 의견을 들려 주고 그날은 그냥 돌려 보냈다.

그날 밤 12시 가깝게 되었을 때였다. 나는 문득 텔레파시 능력을 써서 남편을 부인의 꿈 속에서 만나게 해주는게 어떨까 하는 기발한 생각이 떠올랐다.

나는 낮에 부인이 맡겨 놓고 간 그녀 남편의 사진을 손에 들고, 우선 방심상태(放心狀態)가 된 뒤에 내 고유의 영파장(靈波長)으로 부터 그녀 남편의 파장과 동조했다.

정신을 차려 보니, 나의 유체(幽體)는 어느덧 미국의 시카고 교외에 자리 잡고 있는 싸구려 호텔의 방 안에 와 있었다.

눈 앞에 놓인 침대 위에는 사진에서 본 부인의 남편이 정신

없이 잠들고 있었다.
　나는 그를 깨웠다.
　"나하고 함께 부인 곁으로 가십시다."
　그러자 다음 순간, 침대 위에 잠들고 있던 사나이의 몸에서 또 하나의 사나이가 걸어 나왔다. 다음 순간 정신을 차려 보니 서울 교외에 있는 그의 집 앞이었다.
　"자아 안에 들어가서 오랫만에 부인과 그동안 막혔던 회포를 풀도록 하시오."
하고 나는 그를 집안으로 떠다 밀고는 서재에 앉아 있는 자신의 육체로 돌아 왔다.
　문득 정신을 차려 보니 그동안 5분 정도의 짧은 시간이 지나갔을 뿐이었고, 머리가 굉장히 아프고 기분이 좋지가 않았다. 자꾸만 헛구역질이 나서 그날 밤은 늦게까지 잠을 이루지 못했다.
　내가 진짜 유체이탈(幽體離脫)을 해서 미국까지 갖다 온 것인지, 또한 단순한 환상이었는지 분간할 수 없다는 느낌이었다.
　그 다음 날 아침이었다. 그 부인이 아침 일찍 연구원을 찾아 왔다.
　얼굴빛도 좋고 굉장히 기분좋은 것 같은 인상이었다.
　"아주머니께서는 어젯밤에 밤새 바깥 양반 꿈을 꾸신 것 아닙니까? 신혼시절로 되돌아 간 기분을 맛보신 것 아닙니까?"
하고 말했더니 그녀는 얼굴을 붉히면서,
　"어머나, 그것을 어떻게 아셨죠? 정말 원장님은 무서운 분이시군요."
하고 놀라는 것이었다.
　"하기야 제가 간밤에 부인께서 어떤 꿈을 꾸셨는지 알 까닭이 없는 일이죠. 농담을 한데 지나지 않으니까 너무 놀라실 것은 없습니다."
해서 우리는 둘이 크게 웃었다.
　내가 이때 경험한 것은, 단순한 텔레파시 송신이라기 보다 유체이탈에 가까운 현상이었던 것이지만 실제로 텔레파시 통신에 의해서도 같은 일이 가능한 것이다.

## 백일몽을 보다

그때 나는 서울 시내에 있는 어느 극장에서 이순신장군(李舜臣將軍)의 전기 영화를 관람하고 있었다.

그런데 갑자기 눈 앞에 짙은 안개가 낀 것처럼 희미해지더니 내가 어딘지도 모르는 곳에 와 있는 것이었다.

그 때의 나는 육체를 갖지 않은 사념(思念)만의 존재인 것 같았다. UN의 대회의장 같이 넓은 곳에 많은 나라의 대표들이 앉아 있는 것을 확인할 수 있었다.

중앙의 연단 위에서는 누군가가 연설을 하고 있었다.

"1980년대로부터 20여년 동안, 우리들은 우발적으로 일어난 악성 바이러스에 의한 멸망의 위기와, 지구에서 광범위에 걸친 지각변동에 의한 대재해(大災害)로 말미암아 틀림없이 멸망되는 것이 아닌가 생각되었다. 그러나 다행스럽게도 그 위기를 넘겨 지금 전세계의 인류는 6억명, 그 가운데서 4억명은 종래의 인간들과는 다른 능력을 지닌 '별개의 것' 이지만 어쨌든 우리는 무사히 살아 남았다.

이 지구상에서 지난 수천년 동안 계속되었던 국경도 없어지고, 바야흐로 완전한 세계연방(世界聯邦)이 성립된 것이다.

노스트라다무스가 예언한 1999년 7월 초에 세계연방이 성립되어, 지금 우리들은 그 때문에 여기 모인 것이다.

'옴 진동수'의 세계적인 보급에 의해 우리 인류는 똑같은 우주의식을 가진 '별개의 것'으로 진화된 것이다.

하나 하나의 개인으로부터 집단의식 생명체로 진화 발전된 것이다.

지난 날 인류는 몇번씩이나 거의 멸망할뻔 했던 것이 사실이지만 앞으로는 다시는 그런 과오를 범하는 일은 없으리라고 생각된다.

인류는 이제 완전한 깨달음을 가진 어른이 된 셈이다. 그런 뜻에서 세계연방이 성립된 오늘은 우리 인류의 성년식(成年式)에 해당되는 셈이며, 아득한 옛날부터 인류의 소망이며 꿈이었던 지상낙원의 건설은 오로지 이제부터 우리들의 노력 여하에 달려 있는 것이다."

그때 어디선지 세발의 총성이 울리고 그와 동시에 연단 위에 서 있던 연사는 총탄에 맞은듯 힘없이 쓰러졌다. 그 순간 장내는 물을 끼얹은 것처럼 조용해졌다.

몇천년만에 인류가 온갖 위기를 무사히 넘기고 지상낙원을 바라다보고 세계연방이 성립되었는데, 어째서 또 다시 낡아 빠진 암살사건이 일어났단 말인가?

나는 이래서는 아직 길은 멀다고 생각했다.

그런데 다음 순간, 아주 이상스러운 현상이 일어났다.

피를 흘리고 쓰러진 연사의 시체가 갑자기 눈부신 빛을 발하기 시작했다.

바닥에 쓰러진 몸 전체가 눈부시게 빛나기 시작하는가 싶더니, 무엇인가 사람 모양을 한 빛나는 것이 머리 끝에서 나오기 시작하여 완전한 사람의 형태로 변했다.

　그 눈부시게 빛나는 존재는 성큼성큼 연단 위로 올라 갔다. 마이크로 부터 조금 전과는 비교가 되지 않을 만큼 큰 장엄한 목소리가 울려 나오기 시작했다.

　"여러분 조금 전 여기 서서 축사를 하던 저는 누군가에 의하여 총에 맞아 쓰러졌습니다. 그러나 저는 죽은 것이 아닙니다. 다만 저의 마음을 가두고 있던 육체가 망가진 것일 뿐입니다. 저는 마침내 자유스러워진 것입니다. 지금부터 12000년 전 옛날, 특수한 사명을 띄고 저는 푸레디아스 성단(聖壇)으로 부터 이 지구에 파견되었던 것입니다만, 그동안 몇백년, 몇천년에 걸쳐서 재생(再生)을 거듭하면서, 어린 우리 인류를 어른이 되도록 여러 가지로 돕지 않으면 안되었습니다. 물론 저는 이와같은 큰 일을 저 혼자의 힘으로 해냈다고 주장할 생각은 터럭만큼도 없습니다.

　많은 선의의 우주인들과 많은 지구 인류의 형제들이 서로 힘을 합해서 일을 해왔던 것입니다. 그러나 한 때는 절망했던 적도 있었습니다. 지구인들의 완고함 앞에서 속수무책이 되었던 적이 결코 한 두번이 아니었습니다. 편재(偏在)하는 우주 의식과 하나가 되어 끝없는 사랑과 지혜와 힘의 파동에 온 몸을 맡기는 것을 이토록 오랜 세월에 걸쳐서 거부해 온 인류는 이 우주에는 달리 없었기 때문입니다. 그러나 '옴 진동수' 보급 덕분에, 마침내 우리 인류의 형제들도 '옴'의 진동에 동조하는 집단의식 생명체로서 진화의 길에 접어든 것입니다. 조금 전에 일어난 암살사건때문에 여러분들이 절망하실 필요는 조금도 없습니다. 우리들에게 있어서는 나쁜 것도 좋은 일, 좋은 일은 더 좋은 결과와 연결되어 있기 때문입니다. 우리들 '옴 진동수' 복용 가족들은 인간의 본질이 육체에 있는 것이 아니며, '전자파 에너지 생명체'인 영혼 그 자체가 본질이며, 이 영혼은 시작도 끝도 없는 불생불멸의 존재이신 우주신의 분신에 지나지 않는다는 사실을 누구나 알고 있고, 또한 믿고 있기 때문입니다.

　이제 저는 오랫동안 시련받은 고통에서 해방된 증거로서 영광에 가득찬 육체의 죽음을 맞이한 것입니다. 저는 몇억명이나 되는 다른 많은 동포들 속에서 선택받아서, 실제로 지금까지 우리들이 믿어 왔던 것이 현실이라는 사실을 여러분들 앞에서 증명할 수 있는 기회를 갖게 된 것입니다. 저는 저에게 이 영광스러운 기회를 마련해 준 총을 가진 자를 용서합니다. 아니 용서할 뿐만 아니라 그에게 축복을 보내는 바입니다."

　그 순간이었다. 어디선가 장엄한 성가(聖歌)의 합창이 들려오기 시작했다. 천사들의 합창이라고 밖에 표현할 수 없는 거룩한 노래소리였다. 장내는 끝없이 조용하고, 어디선지 카메라 돌아가는 소리만이 들려 왔다.

　잠시 뒤, 천사들의 합창은 길게 꼬리를 끌면서 사라졌다.

　"여러분, 이제야말로 여러분들은 깨닫게 되었으리라고 생각합니다. 저는 다만 오랜 수련 끝에 유체(幽體)가 여러분들 눈으로도 볼 수 있는 빛나는 존재로 발달된 것 뿐이며, 여러분들도 본질적으로는 저와 똑같은 유체를 갖고 계신 것입니다. 이제부터 여러분들은 과거의 인류와는 달리 길고 영광에 가득찬 일생을 보내게 될 것입니다. 그러나 그 어느날엔가 여러분들도 육체의 껍질을 벗고 신의 세계로 돌아가지 않으면 안될 때가 올 것입니다. 조금도 걱정할 필요는 없는 것입니다. 그러면 여러분, 저는 오랜 근무를 끝내고 저의 고향인 다른 별나라로 돌아가야 할 때가 왔습니다. 마지막 저의 소임으로서, 여러분들에게 인간의 본질이 무엇인가를 보여 줄 수 있도록 도와 준 총을 가진 자를 다시 한번 축복합니다."

다음 순간 연단에 서 있던 빛나는 사람의 손가락 끝에서 한 줄기 눈부신 빛이 발산되었다.

바닥에 쓰러져 있던 시체는 다음 순간 흔적도 없이 연기처럼 사라져 버렸다.

천사들의 합창과 함께 눈부시게 빛나던 존재는 커다란 불덩어리가 되어 장내를 하늘 높이 세번 돌더니 그대로 사라져 버렸다.

다음 순간 나의 마음은 어느덧 극장의 좌석에 앉아 있는 육체 속에 돌아 와 있었다.

'인간이 저와 같은 최후를 맞이할 수 있다면 그 얼마나 영광스러운 죽음일까!'
하고 나는 생각했다.

인류가 멸망하지 않고 영광에 가득찬 다음 세대를 맞이했다는 사실이 진실로 고맙게 느껴진 순간이기도 했다.

지금 나는 그때 본 백일몽(白日夢)이 어느 날엔가 실제로 일어날 사건인지, 단순한 꿈에 지나지 않는 것인지 확실히 증명할 수 없다고 생각한다. 그러나 이것만은 분명하다고 생각한다.

단순한 꿈에 그치느냐, 사실이 되느냐는 이제부터 우리들이 어떻게 살아가느냐에 따라서 정해질 것이다.

# 기억을 지우는 이야기

 최면술로 피시술자(被施術者)의 기억의 어떤 부분을 지울 수 있다는 것은 흔히 듣는 이야기이다. 그런데 상대방에게 최면술을 걸지 않더라도 텔레파시 능력만으로도 이것이 가능하다.
 내가 체질개선연구원을 시작한 후 10여년이 넘지만 한때는 기적같은 일들이 많이 일어났었다.
 병원을 다니면서 아무리 약물 치료를 해도 완쾌되지 않았던 여러가지 난치병들이 나의 체질개선 시술로 좋아진 예가 굉장히 많은 것이 사실이고, 그 때문에 일부 의사들 가운데에는 나에 대해서 강한 곱지 않은 눈을 가졌던 사람들도 꽤 있었다.
 그 때문에 그러한 사람들이 환자로 위장하고 나를 찾아와서는 무엇인가 나의 약점을 잡으려고 했던 일도 여러 번 있었다.
 물론 그러한 사람들 가운데에는 나를 수상하다고 본, 당국에서 파견된 조사원이 있었을지도 모른다. 어쨌든 그와 같은 사람들은 내가 본 순간 첫 눈에 그 정체를 알아내는 것은 지극히 당연한 이야기였다.
 나는 이와 같은 사람들에게 특히 엉터리라고 생각되는 기상천외한 이야기를 하곤 했다. 이야기를 하는 도중, 뚫어지게 상대방을 지켜 보아 움출하는 순간, 그대로 상대방과 같이 변신(變身)을 해버리는 것이다.
 "이 녀석은 대학을 졸업하고 자기 딴에는 심령과학의 전문가로 자처하고 있지만, 아무래도 과대망상광(誇大妄想狂)인 것 같다. 하잘것 없는 작자이군."
라고 상대방과 같이 변신한채 내가 이렇게 생각한 순간에 그도 똑같은 생각을 갖게 되는 것이다.
 '자아 돌아가자! 시간 낭비일 뿐이다.'
하고 생각하면, 상대는 자리를 박차고 일어나게 되는 것이다.
 이와 같은 사람이 나의 연구원에서 500미터 가량 걸어 갔을 무렵에 강한 암시를 보내면, 그 순간 그 사나이는 갑자기 숙취(宿醉)에서 깬것 같은 기분을 느끼게 된다.
 "도대체 어떻게 된 것이지? 왜 내가 여기 있는 거지?"
라고 생각하게 만들면 그는 방금 얼마 전에 일어난 일들을 전혀 기억하지 못하게 된다.
 그렇다고 해서 영구히 기억을 지울 수는 없는 일이고, 그것은 거의 불가능에 가까운 일이지만 어쨌든 자세한 내용은 생각이 나지 않게 되는 것이다.
 2~3일이 지난 뒤에 우연히 길가에서 이런 사람과 마주쳤다고 하자. 내가 모른채 한 상대는 내가 누군지 전혀 알지 못한다.
 기억을 지우는 이야기에 대해서는 나의 저서인 〈심령문답(心靈問答)〉안에서 실례를 쓴 바 있기에 여기서는 더 이상 이야기하지 않기로 한다.

## 택시를 부르다

나의 고등학교 시절에 박 훈이라는 친구가 있었다. 아주 오래 전부터 주한 외국 기관에 근무하고 있지만 그는 철저한 무신론자였다.

1년에 몇번씩 이 친구를 방문하지만 내가 평소에 하고 있는 일에 대해서 여러가지 이야기를 해 주어도, 그는 언제나 전혀 믿으려고 하지 않았다.

그런데 어느 날 갑자기 아무런 예고도 없이, 같은 직장에 근무하고 있다는 한 중년신사를 데리고 저녁 나절에 나의 집을 찾아 온 일이 있었다.

그가 데리고 온 중년 신사는 심령과학에 대해서 깊은 관심이 있는 사람이어서 상당히 많은 문헌을 독파했고, 전문가에 가까운 견해를 갖고 있었다.

평소에 박 훈으로부터 나에 대한 이야기를 들었고, 꼭 만나고 싶어서 찾아 왔노라고 했다.

그때 여러가지 이야기를 들려 준 가운데 나는 초능력의 하나인 텔레파시 능력에 대해, 그 원리를 자세히 설명해 주었다.

"안선생님께서 말씀하신 텔레파시의 원리에 대해서는 잘 알았습니다만, 그 원리가 옳다는 것을 실제로 증명해 줄 수 있겠습니까?"
그는 야릇한 미소를 띄었다.
내가 실제 행동으로 '텔레파시의 원리'가 옳다는 사실을 증명하지 못한다면, 그의 무신론(無神論) 내지 초능력 부재론(超能力不在論)이 승리를 거두게 되는 셈이었다.
"그야 물론 증명해 보여드려야지요."
하고 나는 그들 앞에서 잠시 방심 상태로 들어 갔다.
"지금부터 5분 후 집에서 같이 나갑시다.
정확하게 5분 후에 말입니다. 우리 집으로 오는 언덕 길 위에 노오란 영업용 택시가 한대 나타날 겁니다."
정확하게 5분이 지난 뒤 우리들은 집에서 나왔다.
이미 어두워지기 시작한 집 앞 언덕길로 노란 택시가 한대 천천히 올라오고 있었다.
"어떻습니까?"
"참, 놀랍습니다!"
그러나 그는 이 사실을 인정하려고 하지 않았다.
"여보게 이것은 단순한 우연의 일치라고 보네."
하는 것이었다.
택시는 우리 앞에 와서 멈추어 섰다. 우리 일행이 이 차를 잡아 탄 것은 물론이었다.
차에 올라 타면서 나는 운전 기사에게 물었다.
"여기는 큰 거리에서는 멀리 떨어진 후미진 곳인데, 손님도 태우지 않고 어떻게 여기까지 오셨나요?"
그러자 운전기사는 이렇게 대답했다.

"그것이 참 이상한 일이었습니다. 저는 제 건강을 위해서 언제나 정해진 시간에 식사를 하는 습관을 갖고 있습니다. 그래서 이번에도 안국동 로타리에서 손님을 내려드리고 언제나 찾아가곤 하는 단골 식당으로 직행할 참이었는데, 문득 정신을 차려 보니 동십자각 앞에서 삼청동 길로 우회전을 한 것이었습니다. 운전기사 생활을 한 지 20년 가깝습니다마는, 이와 같이 내 자신의 의지와는 아무런 관계없이 당치도 않은 방향으로 핸들을 꺾은 일은 한번도 없었습니다. 그래서 내가 상당히 피곤하구나 생각하고 본래 향하던 방향으로 돌아나오려는데, 어쩐지 이 방향으로 가면 손님들이 기다리고 있을 것 같은 강한 느낌이 들었던 것이죠. 또한 삼청동은 산위에 자리잡고 있는 동네니까 오랫만에 신선한 공기라도 마셔야겠다는 생각이 들어서 그대로 여기까지 차를 몰고 온 것이죠. 어쨌든 여러분들을 태우게 되었으니까 제 예감도 어지간히 맞은 셈이죠."
하고 운전기사는 자못 유쾌한듯 큰 소리로 웃었다. 어쩐지 풀이 죽어 있는 그의 얼굴을 보면서 나는 싱글벙글 웃었다.

그날 무교동 근처에서 내린 우리 일행은 어느 맥주 홀을 찾아 들어갔다.

나는 평소에 술을 거의 않는 편인데, 이날은 상당한 양의 술을 마셨다. 그러나 조금도 취하지 않았다.

"정말 이상한 일이로군. 자네는 술을 거의 안마시는 것으로 알고 있는데 언제부터 그렇게 술이 세어졌나 그래?"
하고 그는 고개를 갸우뚱거렸다.

"이것도 하나의 도술(道術)이라네. 술을 아무리 마셔도 위장에서 흡수하지 않고 그대로 소변으로 내보내는 걸세. 알겠나,

무슨 말인지?"
 "따는 그렇군요? 이것도 도술이라면 배우고 싶은 도술인데요?"
하고 박 훈의 친구는 사뭇 감탄했다.
 술집에서 우리가 나온 것은 밤 9시 가까운 시간이었다.
 지금도 그렇지만 이 시간은 럿쉬 아워여서 빈 택시를 잡는다는 것은 굉장히 힘이 들었다.
 그런데 나는 담담하게 이렇게 말했다.
 "여기 택시 정류장에서 5분만 기다려 주게. 정확하게 5분 뒤에 다섯대의 빈 택시가 와서 멈추게 될걸세."
 박 훈과 그의 친구는 믿지 못하겠다는 표정이었다.
 그런데 5분이 지난 순간이었다. 맞은 편 붉은 신호등이 푸른 빛으로 바뀐 순간 다섯대의 빈 택시가 연달아 우리 앞에 와 정차했다.
 이날 밤, 나는 여러가지 현상을 보여 주어 텔레파시 능력이 실재하는 것임을 증명해 보인 셈이었지만 그들을 완전히 믿게 만들지는 못했다.
 박 훈은 내가 아는 한 지금도 여전히 철저한 무신론자(無神論者)이기 때문이다.

# 가출 소녀를 귀가시키다

잘 개인 가을 하늘이 유난히 드높아 보이던 어느 날이었다.
강원도 춘천에서 중년부부가 심각한 얼굴로 나의 연구원을 찾아 왔다.
인사가 끝나자, 그들 부부는 내 앞에 한장의 사진을 꺼내 놓았다.
"이것은 저의 딸애의 사진입니다만, 며칠 전에 가출을 했습니다. 올해 고등학교 3학년인데 본인은 대학에 진학하고 싶다고 말하고 있습니다만, 저희 집 형편이 그럴 여유가 없습니다. 또 저로서는 딸은 시골에서 고등학교까지 졸업시켰으면 충분하다고 생각하고 있고, 그보다는 외아들인 동생을 어떻게 해서든 대학까지 진학시켜야겠다고 생각하고 있는 처지입니다. 집안 사정이 동시에 두명씩 보낼 형편이 아니라고 그 사실을 분명히 말했더니 가출을 하고만 것입니다. 안원장님은 여러가지 이상한 신통력을 갖고 계셔서, 사진만 보고도 모든 것을 아신다고 들었기 때문에 이렇게 서둘러 찾아 온 것입니다. 어떻게 해서든 딸을 집으로 돌아오게 해 주십시오."
하고 가출 소녀의 어머니는 눈물을 흘리면서 호소했다.

나는 와들와들 떨고 있는 부인 손에서 사진을 받아들고 물끄러미 지켜 보았다.

어느덧, 나의 마음은 방심상태가 되어 사진의 주인공인 여고생의 영파(靈波) 파장과 동조했다.

"아주머니, 따님은 왼쪽 신장을 앓은 적이 있지요?"

"네, 그렇습니다. 인플루엔자(독감)를 앓은 끝에 신장염을 앓은 적이 있답니다. 그 때문에 한달 가깝게 결석한 일이 있습니다."

다음 순간이었다.

나는 가출한 소녀 자신으로 변신한 것 같은 기분을 느꼈다.

어딘지 다방같은 곳인 모양이었다. 쟁반 위에 찻잔을 올려 놓고 손님들 앞으로 걸어 가는 모습이 생생하게 눈 앞에 떠올랐다.

장소는 서울 시내 동대문 근처에 있는 어느 다방같았다.

좌석이 20개 가량 되는 조그마한 다방인데, 구석진 곳에 앉아 있는 불량배 같은 미남 타입의 젊은이가 자꾸만 소녀를 유혹하고 있었다.

"따님의 친구 가운데 동대문 근처에 있는 다방에서 일하고 있는 소녀가 있지 않습니까?"

하고 물었다.

"네, 그런 친구가 있습니다. 그러지 않아도 그 친구를 믿고 가출한 모양입니다. 그런데 저희는 그 친구의 주소도 전화번호도 몰라서 연락해 볼 길이 없습니다. 고등학생이면서 연애사건을 일으켜서 퇴학 당한 문제아입니다. 그 아이와 함께 있다면 제 딸의 장래가 염려됩니다. 어떻게 해서든 집으로 돌아오게 해 주십시오."

하면서 어머니는 흐느껴 울었다.
 "따님을 앞으로 일주일 안에 집으로 돌아오게 하는 방법이 꼭 하나 있기는 합니다만, 이것은 부모님의 동의없이는 쓸 수 없는 방법입니다."
 "어떤 방법이든 좋습니다. 저희들이 선생님을 믿고 찾아 온 이상 모든 것을 맡기겠습니다."
하고 비로소 지금까지 말이 없던 아버지가 두 손을 모으면서 이렇게 말했다.
 "그 방법은 지금부터 2~3일 안에 따님에게 신장염을 재발시키는 것입니다. 그렇게 되면 본인도 마음이 약해질 뿐 아니라, 따님을 돌보고 있는 친구도 당황해서 댁에 연락할 것입니다. 우선 따님의 사진을 저에게 맡겨 놓고 가십시오."
하고 나는 말했다.

 그날 부부를 돌려 보낸 뒤, 나는 다시 한번 소녀의 영파(靈波)에 동조해서 신장염이 재발했다는 강한 암시를 보냈다.
 2~3일에 걸쳐서 3~4회 같은 텔레파시 송신을 했더니, 일주일째 되던 날, 소녀의 부모로부터 딸이 급성 신장염을 일으켜서 쓰러졌다는 연락이 왔다는 전화가 왔다.
 그래서 병원에 입원시켰더니 뜻밖에도 빨리 좋아져서 집으로 데리고 돌아왔다는 것이다.
 이런 연락이 있은 지 며칠이 지난 뒤였다. 그 부부는 딸을 앞장 세우고 나의 연구원으로 찾아 왔다.
 이때, 나는 소녀에게 대학에 진학하는 길만이 인생의 행복을 추구하는 길이 아님을 차근차근 타일렀다.

이런 예에서 보듯이, 텔레파시 능력은 때에 따라서 파괴적인 효과를 가져 올 수도 있는 것이지만 좋은 목적을 위해서 당사자들의 동의를 얻어 활용하지 않으면 안된다.

## 미국에 있는 사람을 불러 오다

인천에 살고 있는 초로(初老)에 접어든 실업가 한 사람이 몇 년 전에 나를 찾아왔다.

처음 본 인상으로는 초로에 접어 든 사람인줄 알았는데, 이야기를 듣고 보니 이미 환갑을 넘긴 사람이었다.

몇년 전에 지극히 사랑하던 부인을 잃고, 2년 전에 재혼했다고 한다. 이 후처는 전 남편이 유명한 의사였고, 외아들은 지금 미국의 어느 종합병원에서 과장으로 일하고 있다고 했다.

처음에는 아들네 식구들과 미국에서 살았었는데 외국생활이 익숙하지 못했던지 여러가지로 불편을 느낀 나머지 어머니만 한국으로 돌아와서 어떤 사람의 소개로 이 강씨(姜氏)와 재혼했다는 것이었다.

재혼한 강씨의 입장에서 볼때, 부인은 전처 이상으로 좋은 성품이어서 상당히 행복했다. 그런데 함께 살기 시작한 지 1년쯤 지났을 무렵 미국에서 소식이 왔다.

며느리가 두번째 아이를 낳게 되어 해산(解産) 구원을 해달라고 요청을 해 왔다는 것이다. 그래서 강씨의 동의를 얻고 도미(渡美)한 부인이 1년이 지났건만 영 돌아올 생각을 하지 않게 되었다는 이야기였다.

부인은 돌아오지 않을 뿐만 아니라, 남편인 강씨에게도 미국에 와서 영주하라고 권유를 해 왔다는 것이었다. 그러나 강씨는 실업가로서 인천에 빌딩도 갖고 있고, 사업을 하고 있어서 일을 정리하고 미국에 갈 입장이 아니었다.

또한 국내에는 출가한 아들 딸들도 모두 안정된 생활을 하고 있는 처지라, 부인 한 사람만을 의지하여 미국에 가서 살 생각은 전혀 없다고 한다.

"원장 선생님, 이렇게 부탁드립니다. 어떻게 해서든 제 처를 한국으로 돌아오게 해주십시오."

하고 눈물로 호소하는 것이었다.

"방법이 아주 없는 것은 아닙니다. 우선 당신과 부인이 함께 찍은 사진을 한장 갖다 주십시오. 사진을 저에게 맡긴 뒤 100일 쯤 지나서 무엇인가 좋은 소식이 있으리라고 생각됩니다."

하고 말한 후 돌려 보냈다.

이런 일이 있은 뒤, 6개월 쯤 지났을 무렵 그는 다시 나를 찾아왔다.

"어떻게 되었죠?"

"돌아왔습니다. 제가 '옴 진동수'을 열심히 마시기 시작한 지 꼭 100일째 되던 날 저녁때 였습니다. 미국에서 전화가 걸려온 것이었습니다. 이상하게도 100일 쯤 전부터 한국으로 돌아가고 싶다는 생각이 들기 시작해서 100일 가깝게 되자, 더 이상 참을 수가 없게 되어서 비행기표를 샀다는 이야기였습니다."

"잘되었군요!"

"곧 원장선생님께 연락을 드리는게 제 도리인줄 알면서 여지껏 늘어져서 죄송합니다."
하고 그는 정중하게 사과했다.

　이날 나는 강씨의 초대를 받아서 연구원 근처에 있는 어느 중국집에 가서 함께 식사를 했다.

　식사가 끝난 뒤였다. 종업원이 차를 갖다 주었다.

　나는 무심히 찻잔을 들었다. 그런데 강씨는 눈이 둥그레져서 나를 바라다 볼 뿐 차를 마시려고 하지를 않았다.

　"원장 선생님도 차를 마십니까?"

　"그야 그렇죠. 차를 마셔서 안될 까닭이야 없지 않아요."

　"아니, 저는 마시지 않겠습니다. 목은 마르지만 저는 인천에 가서 '옴 진동수'를 마실 생각입니다."

　"이건 제가 한대 얻어 맞았군요."

해서 우리는 크게 웃었다.

영능자 B씨의 영시로 나타난 물에 투신 자살한 망인의 원령(怨靈)

# 제 6 부
# 사람은 왜 병들게 되는가?

## 사람이 난치병이나 불치병을 앓게 되는 원인은 무엇인가?

사람들이 앓게 되는 난치병·불치병의 대부분은 이른바 빙의령때문에 일어나는 경우가 많다.

인간의 육체가 완전한 모습으로 활동을 하고 있는 것은 신계(神界) 또는 영계(靈界)로부터 보내지고 있는 생명 에너지가 도중에 아무런 방해를 받지 않고 그대로 작용하고 있는 상태인데, 흔히 말하는 난치병이나 불치병, 또는 재앙은 조물주에게서 보내져 오는 생명 에너지가 우선 유계(幽界)에서 그 사람의 나쁜 생각(또는 나쁜 인연)의 집적때문에 오염되어서 그 오염된 에너지가 도달하기 때문에 일어나는 현상이라고 볼 수 있다.

그러나 이 물질에서 말하는 것과 같은 난치병들은, 그 사람의 나쁜 상념(想念) 탓이라고 하기 보다는 그 사람의 조상이나 또는 인연이 있는 영혼들 가운데 아직도 깨닫지 못하고 있는 영혼, 예를 들면 앓다가 이미 죽어서 육체(肉體)가 없어졌는데도 계속 아프다고 생각하고 있는 영혼인 환자에 빙의되어 있는 경우가 바로 그 좋은 예라고 할 수 있다.

이들이 보내는 그릇된 염파(念波)가 조물주에게서 오는 생명 에너지 광선을 가로 막아서 그 사람의 육체를 부자유한 상태로 만들어 버린 것이라고 본다.

생명의 빛 에너지가 100촉 가량이면 완전하게 살수 있는데, 10촉광도 안될 정도가 된다면 육체가 부자유스럽게 될 것은 너무나도 당연한 일이다.

따라서 이런 질병을 고치려면 환자의 생명력을 약하게 만들고 있는 외부로 부터의 원인을 제거해 주는게 중요하다.

환자의 두뇌와 몸을 차지하고 있는 빙의령들을 올바르게 타일러서 이탈시켜 줌으로써 환자의 난치병은 반쯤 고쳐질 수 있으나, 또한 잊어서는 안될 것은 환자의 정신 상태가 조화를 이루지 못하므로써 같은 염파(念波)를 가진 빙의령들이 빙의된 것인 만큼 환자의 마음도 깨닫게 해주어야만 한다.

또한 한번 빙의되었던 환자의 몸은 체질이 바뀌기 때문에 또다시 다른 빙의령들이 빙의되기 쉽게 되므로 환자의 심신을 아울러 정화시켜 주는 것이 절대로 필요하다고 생각한다.

옴 진동을 넣은 특수한 조각(옴·마니·반메·홈의 6字大明王眞言)을 넣어 은반지로 만들어서 환자 왼손의 약지에 끼워 줌으로써 빙의령들의 재침범을 효과적으로 막아줄 수 있다는 사실을 발견한 나는 제령받을 때, 이 은반지를 미리 준비했다가 끼어 주곤 하는데 그렇게 한 경우 90% 이상 질병이 재발되지 않음을 알게 되었다.

장기간에 걸쳐서 옴 진동수를 복용하고, 이어서 직접 체질개선 시술을 받고 제령까지 받은 환자들은 대뇌의 기능이 점차 개발되어서 개인의식에서 인류의식 내지는 우주의식과 동조되는 방향으로 뇌의 기능이 범위가 넓어지게 됨으로써 여러가지 난치병과 불치병에서 해방된다는 사실을 나는 수없이 경험한 바가 있다.

 무엇이나 내 자신의 몸과 마음이 허술할 때, 남이 침범하는 것이지, 내 몸과 마음이 단단하게 무장되어 생명력이 왕성하다면 어떤 빙의령도 절대로 침범할 수 없는 것이다.

 또한 어린이가 여러가지 난치병을 앓고 있을 경우 환자와 내가 아무리 노력을 해도 부모들의 마음이 착하지 못하고 감사하는 마음이 없을 때는 병은 완쾌되기 어렵다.

 또한 열살 미만(이것은 정신 연령도 포함해서다)의 어린이는 그 어머니와 유체(幽體)가 연결되어 있기 때문에 어머니의 협조 여부가 매우 중요한 비중을 차지한다.

 고통을 받을 때는 반드시 그럴만한 까닭이 있게 마련이다. 정상이 하도 딱해서 가끔 나는 무기한으로 무료시술을 해주는 경우가 있는데, 이런 경우에도 부모들이 무관심하거나 믿지 않거나 감사하는 마음이 전혀 없을 때는 그 자녀들의 질병은 완쾌하기가 매우 어렵다는 것을 거듭 밝혀두고자 한다.

## 심령적인 원인때문에 병들게 되는 경우도 있는가?

 고혈압·저혈압·중풍(中風)·소아마비·뇌성마비·각종 암환자들·당뇨병, 아무리 약을 써도 더 좋아지지도 않고 나빠지지도 않는 수십년 된 위장병 등은 거의 80% 이상이 심령적인 원인에서 비롯된 것이라고 보아도 무방하다.
 단순하게 생리적으로 생긴 질병은 오늘날의 현대의학과 한방의학에서 거의 전부 치유가 가능하다.
 유체(幽體)나 영체(靈體)에 원인이 있는 병도 그 원인이 전생의 업장(業障)때문에 생긴 것, 이를테면 어머니 뱃속에서부터 빙의되어서 태어난 사람들은 후천적으로 빙의되어서 생긴 질병보다는 훨씬 완쾌되기가 어렵다.
 올바르게 라이프·리이딩을 해서 장기간 옴 진동수를 마시게 한 뒤 체질개선 시술을 받게 하고, 정식으로 제령을 해서 빙의된 영혼들을 깨닫게 해서 유계(幽界)로 보내 주기 전에는 완쾌가 힘들다.

## 생활 태도가 나빠서 병들게 되는 경우도 있는가?

물론이다. 현대의학으로 치유될 수 있는 대부분의 질병은 환자의 잘못된 생활 태도에서 생겨난 것들이다. 자기 자신의 체력도 생각지 않고 너무 과음을 해서 여러가지 간질환을 일으키는 경우(만성 간염에서 간경화, 간암에 이르기까지)라든가 너무 여색(女色)을 밝힌 나머지 췌장을 혹사해서 당뇨병에 걸린다든가 하는 것이 그 좋은 예라고 할 수 있다.

이밖에도 너무 자극성이 강한 음식을 항상 과식해서 생기는 위장장해라든가, 힘겨운 일을 너무 많이 한다든가, 항상 지나치게 신경을 긴장시키는 일을 함으로써 심장 기능에 이상이 생긴다든가 하는 것도 좋은 예라고 할 수 있다.

육체는 항상 균형있게 관리해야 하며 어느 내장의 기관에 너무 부담이 많이 걸리는 생활을 계속하면 그곳에 무리가 가서 질병이 생기게 마련이다. 따라서 어떤 종류의 질병은 생활 태도나 습관을 바꾸어 주는 것만으로도 치유가 되는 경우가 있다.

앞으로 구체적으로 하나 하나 설명해 보고저 한다.

## 간장 병은 왜 생기는가?

간장 병에는 세가지 원인이 있다고 본다.
우선 첫째는 간장병을 앓다가 죽은 사람의 혼이 빙의되어 생기는 경우를 들 수가 있다. 다음은 지나친 과음과 항상 신경을 곤두세우고 화를 잘 내는 생활 태도에서 생기는 경우가 있다.
세번째는 복잡한 인간 관계에서 비롯되는 경우를 들 수 있다.
부인과 사이가 나쁘고 자식들때문에 늘 속상하는 마음을 술로 달래다 보면 간장 장해가 생기게 마련이다.
가족들을 아무 거리낌없이 사랑하고, 또 가족들로부터 사랑받는 생활을 하는 사람은 여간해서 간장 기능이 나빠지는 일이 없다.
흔히 이런 말이 있다. 화를 크게 낸다는 것은 마치 몽둥이로 간장을 때리는 것과 같다. 또한 화가 나는 것을 너무 참기만 해도 간장은 나빠지게 마련이다.
생활 태도를 바꾸어 남을 용서하고 내 자신도 용서하는 너그러운 마음을 가질 때 간장의 기능은 좋아지게 마련이다.

## 도벽(盜癖)은 왜 생기는가?

 도벽은 심령적인 것이 원인이 되어서 생기는 경우와, 또 애정부족에서 마음이 항상 허전하여 그 허전함을 메꾸기 위해서 생기는 두가지 경우가 있다.
 전생에서 살생(殺生)을 많이 한 사냥꾼이 재생한 경우 그에게 살해당한 동물령들이 빙의되어서 악성의 도벽을 갖게 하여 그로 말미암아 그의 일생을 망쳐 주려는 의도에서 그런 경우가 있었다.
 이런 경우는 일정한 기간 옴 진동수를 마시게 한 뒤 체질개선 시술을 받게 하고 제령을 했더니 도벽이 없어진 예가 있다.
 또한 애정이 부족한 환경에서 자란 아이들이 도벽을 갖는 경우는, 부족한 애정을 물건을 도둑질함으로써 마음의 허전함을 채우려는 무의식적인 행동인 경우가 있다.
 이런 경우 부모가 진정한 사랑을 아이에게 쏟을 때 도벽은 없어지게 마련이다.
 아이를 나무래고 마음이 멀어지면 멀어질수록 도벽을 고치기 어렵다는 것을 명심해 주기 바란다.
 또한 도벽을 가진 아이에게도, 이런 악습을 버리지 않으면 부모뿐 아니라 주위의 사람들로부터 사랑을 받을 수 없다는 사실을 잘 납득시켜 주어야 한다.

여지껏 잘못했다고 생각한 일들을 글로 써서 불태우게 하고 이제는 과거의 잘못된 생활과 완전히 결별했다는 자신을 심어주는 것도 좋은 방법이다.

집에서 기르던 개를 잡아먹은 경우 그 개의 원령(怨靈)이 자녀에게 빙의되어 도벽을 갖게 한 예도 있다.

자기를 잡아먹은 주인에게 괴로움을 주기 위해서 이보다 더 효과적인 방법이 어디 있겠는가?

집에서 기르던 개를 죽인다든가 잡아먹는 따위는 하루빨리 시정되어야 할 문제라고 생각한다.

개는 인간과 가장 가까운 동물이고, 또 인간이 전생에서 큰 죄를 지어서 재생(再生)할 경우 개로서 환생하는 경우가 많다는 것을 우리 모두가 알아야 한다.

도벽은 그 원인만 정확하게 알아내면 쉽게 고칠 수 있다.

# 신장병은 왜 생기는가?

　신장병도 심령적인데 원인이 있는 경우와 그렇지 않은 다른 데 원인이 있는 경우가 있다.
　죽은 사람의 혼이 빙의되면 그 망령(亡靈)이 빙의된 육체에서 생명 에너지를 뺏어가고 대신 유독개스를 많이 내뿜게 되어서 피가 극도로 산성화 된다.
　결국 산성화 되었다는 것은 핏속에 노폐물이 많아졌다는 이야기다. 신장은 핏속에서 노폐물로 나온 것을 걸러서 오줌으로 내보내는 작용을 하는 기관인데 감당하기 어렵게 되면 신장 자체에 고장이 생기게 된다.
　오줌을 우선 저장하는 곳이 신우(腎盂)인데, 이 신우에 물이 너무 많이 고이게 되면 비뇨기관 전체의 기능이 나빠지게 된다.
　그래서 신장에 질환이 생긴 것을 흔히 신우염이라고 하고, 만성 신우염이 되면 체내의 수분이 잘 빠지지 않게 되어 붓게 된다.
　증상이 악화되면 몸 안의 독소가 전혀 배출이 안되어 뇨독증(尿毒症)을 일으키게 된다. 뇨독증 단계에 이르면 이미 신장의 기능은 전혀 작용하지 않게 된다.
　인공 신장기의 도움을 입게 되면 그 환자는 신장 이식수술을 받지 않는 한 시한부 인생이 된 셈이다.
 내가 경험한 바에 의하면 신장병은 중년 부인들에게서 많이 볼 수 있었다.
 여자는 누구나 임신을 하게 마련이고, 임신하면 태아의 배설물과 모체(母體)에서 발생하는 노폐물질을 다같이 처리하기 위하여 신장에 많은 부담이 된다. 그래서 임신 말기에는 몸이 붓고, 다소간의 뇨독증 증상이 오지만, 순산을 하고 조리를 잘하면 모체는 다시 건강해질 수 있다.
 그런데 아이를 출산하고 곧 활동을 하면 체내에 축적된 유독물질을 미처 완전히 배설하기 전에 새로운 부담이 생기게 되어 만성 신장염이 되는 경우가 많다.
 우리가 알고 있는 의학적인 지식에 의하면 신장병에는 필요 이상의 물을 마시는게 금물이지만, 옴 진동수 복용은 그 예외에 속한다.
 진동수는 몸안에 축적된 유독물질과 결합하여 신속하게 배설시켜 주는 작용을 하기 때문에 진동수 복용만으로 악성의 신장병이 완쾌된 예는 많다.
 소변이 잘 나오고 부기가 빠지면 신장염은 좋아지게 마련이다.
 한편 슬픔을 많이 축적해도 신장병에 걸리게 된다. 사람이 슬픈 감정을 계속해서 갖게 되면 피가 산성화되기 때문에, 핏속에 노폐물질이 많이 생기게 되는 것이다.
 슬플 때는 그때 그때 남모르는 곳에서 실컷 울어버리는 것도 아주 좋은 일이라고 생각한다.
 남자들은 마음에 울분이 생기면 그때 그때 술을 마셔서 울분을 털어 버릴 수 있기 때문에 신장염에 잘 걸리지 않는 대신 간장병에 잘 걸리지만 슬픔을 발산할 수 없는 부인들은 신장병에 잘 걸리는게 아닌가 생각된다.

이탈하기 시작한 유체는 서서히 육체를 떠나고, 얼마후 영혼과의 관계를 끊으면서 유계(幽界)로 들어간다.

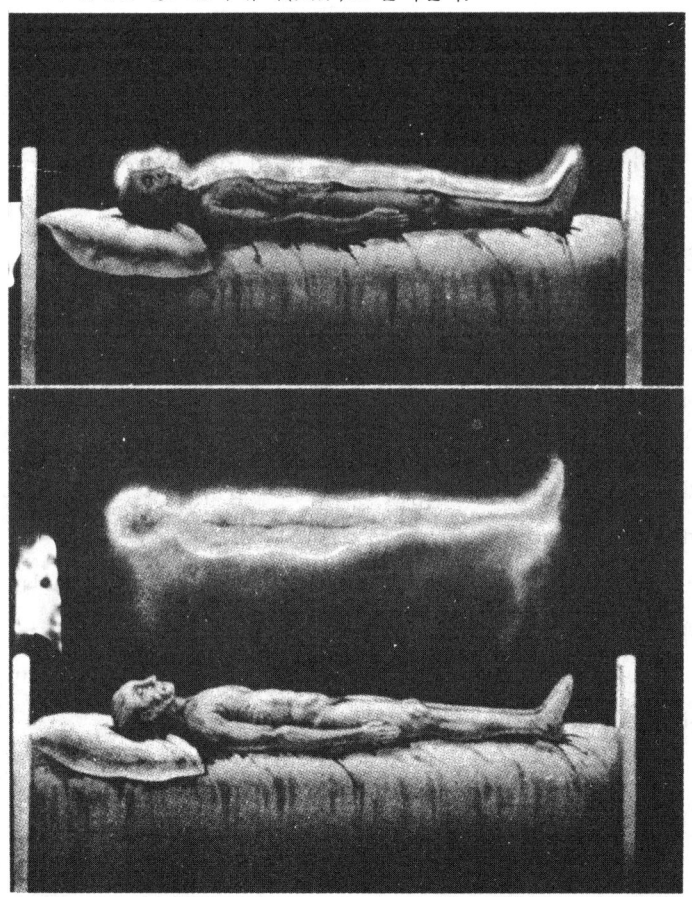

## 각종 암은 그 원인이 무엇인가?


 한마디로 암이라고 해도 그 암조직이 생기는 부위에 따라서 수십가지가 된다. 암은 분명히 현대의 난치병 중에서 으뜸가는 병이다.
 암이 생기는 원인에 대해서 정확하게 대답한다는 것은 매우 어려운 일이다. 우선 내가 알고 있는 암의 원인에 대한 여러가지 학설들을 간추려서 소개해 볼까 한다.
 첫째로 유전설(遺傳說)이 있다. 암으로 죽은 사람의 형제나 자녀에게 암이 많이 발생하는 데서 주장하게 된 설이 아닌가 한다.
 두번째로 각종 공해와 유해식품의 섭취가 암을 유발한다는 학설이 있다.
 다음 세번째가 어떤 종류의 바이러스에 의하여 암이 유발된다는 학설이 있다.
 네번째로 암으로 죽은 사람의 혼이 빙의되어서 암을 유발한다는 설이 있는데, 이것은 내가 주장하는 학설이기도 하다.
 나는 이렇게 생각한다. 암은 단순한 한가지 원인에서 비롯되는 것은 아니며, 위에서 말한 네가지 원인중 어느 한가지만이 아니라, 이 네가지 원인이 한데 합쳐서도 발생할 수 있는 것이 암이 아닌가 생각한다.

정상적인 세포는 어느 일정한 크기 이상으로 성장하지 않는데 암세포는 끝없이 커지면서 주위의 세포들을 침식해 들어 간다.

백혈병은 혈액암이라고 볼 수 있는데, 본래는 외부로부터 들어오는 세균들을 퇴치하는 백혈구가 자체의 적혈구를 잡아 먹고 끝없이 번식하는게 백혈병이다.

이것은 조혈기구(造血機構)가 미친 탓이라고 볼 수 있다. 피가 극도로 산성화 되거나 유독개스로 인해서 유전인자가 잘못될 때 백혈병은 발생하는 것으로 여겨진다.

백혈병·뇌암·폐암·위암·간장암·자궁암·골수암 등 많은 난치병 환자들이 옴 진동수를 열심히 마시고 스피커를 이용하여 옴 진동 시술을 함으로써 완치된 예가 많은 것을 보면 피를 깨끗하게 만드는 것이 암 치료의 한가지 방법인 것만은 확실하다.

## 당뇨병은 왜 생기는가?

당뇨병은 현대인에게 가장 많은 질병이고, 또한 경제적으로 여유가 없는 사람들보다는 여유가 있고 미식(美食)을 즐기는 사람들에게서 많이 찾아볼 수 있는 병이다.

약물요법과 식이요법을 병행해서 더러는 치유가 된 예가 있기도 하지만 대체로 완치되기는 어렵다는 것이 통설이다.

우리나라에도 150만명이 넘는 당뇨병 환자들이 있다. 당뇨병은 빙의령에 의한 영병(靈病)인 경우가 많은데 진동수를 열심히 마셔서 완치된 예도 있다.

또한 당뇨병은 마음이 인색하고, 의심이 많은 사람들에게서 많이 발병하고 있다.

주위의 가족들을 마음으로 받아들이지 않을 때, 인체에서 필요로 하는 당분을 받아들이지 않음으로써 당뇨병이 생기는게 아닌가 생각된다.

당뇨병에 걸린 뒤에 크게 심경의 변화를 일으키고 너그러운 생활 태도로 바꿈으로써 단순한 식이요법만으로 중증인 당뇨병이 좋아진 예도 있다.

옴 진동수를 장기간 복용해서 쉽게 완쾌될 수 있다는 것은 정말 놀라운 일이 아닐 수 없다.

　작고하신 이선근소아과(李先根小兒科)원장 선생님의 미망인은, 29년 동안 당뇨병을 앓았는데 진동수 장기 복용에 의해 거의 완쾌되다시피 하여 현재 강원도의 모 종합병원 소아과 과장으로 근무하고 있으며, 인슐린 주사도 맞지 않고 정상적인 식사를 하며, 하루에 20~30명 환자를 보고 있다고 한다.

　당뇨병은 일반적인 치료법에서는 물을 많이 마시지 말라고 하지만 진동수를 많이 마심으로써 완쾌될 수 있다는 것을 자신 있게 말할 수 있다.

## 고혈압은 왜 생기는가?

남녀를 가릴 것 없이 현대인에게 가장 많은 질병 가운데 하나가 고혈압이다.

옛날에는 고혈압은 중년이상 된 사람들에게서 많이 찾아볼 수 있는 질병이었지만 오늘날에는 반드시 그렇지만도 않다. 20대, 아니 10대에도 악성의 고혈압때문에 괴로워하는 사람들이 많기 때문이다.

정상적인 혈압은 80~120이고, 70~90이 되면 저혈압이고 밑의 수치가 100을 넘고 위가 160을 넘으면 고혈압으로 간주된다.

그러나 예외도 아주 없는 것은 아니다. 120~200인데도 전혀 고혈압 증세가 없는 특이한 체질도 있다.

한마디로 말해서 고혈압은 혈관이 가늘어져서 생기는 병이다. 혈관 벽에 찌꺼기가 끼어서 피가 잘 흐르지 않게 되면 심장은 혈압을 올려 주게 되고, 그 결과 심장은 보통 사람보다 비대해지게 된다.

심장에서 나오는 관상동맥에 이상이 생겨서 고혈압이 되는 경우도 있고, 말초 모세혈관이 가느다랗게 나빠져서 피를 정화시키는 작용이 둔화되면 피가 탁해지고 그 결과 혈관 벽에 찌

꺼기가 끼게 되어 고혈압이 된다고 보기 때문에 고혈압은 신장이나 간장이 병들게 된 결과 오는 것이지 고혈압 자체는 병이 아닌 것이다.

고혈압을 예방하는 방법은 되도록 동물성 지방질이 많은 음식을 피하고 식물성 음식을 섭취해야만 된다.

고혈압은 이밖에 심령적인 원인에서도 생긴다. 고혈압을 앓다가 죽은 사람의 혼이 빙의되어도 갑자기 고혈압이 되는 경우가 있다.

## 귓병은 왜 생기는가?

　김순덕(가명)이라는 처녀가 만성 중이염(慢性中耳炎)을 앓고 있어서 보청기를 끼고 찾아 온 일이 있었다.
　그녀는 거의 듣지를 못했고 발음이 시원치 않았다.
　병원에서는 거의 치료가 불가능하다는 판단을 내렸다고 했다.
　그런데 함께 온 어머니의 이야기를 들어보니까 아버지가 말 못할 주정뱅이어서 술이 취해 들어와서 밤늦게까지 듣기 싫은 잔소리를 매일같이 늘어놓는다고 했다.
　하도 시끄러워서 공부를 할 수 없다고 하면 마구 때리기 때문에 무슨 말도 할 수가 없노라고 했다.
　아버지의 술 주정을 듣고 싶지 않은 마음이 뭉쳐서 이 처녀는 귀가 안 들리게 된 것이 분명했다. 말을 잘못하는 것도 같은 이유에서였다.
　그런데 이들이 모두 옴 진동수 가족이 되어서 아버지가 술을 끊고 화목한 집안이 된 뒤에 그녀는 귀가 좋아졌고, 그전에는 무슨 말인지 알아들을 수 없던 발음이 아주 또렷해진 것이었다.

## 노이로제는 왜 생기는가?

굉장히 극성스러운 어머니 밑에서 자란 아이들이 자기의 능력 이상의 노력을 하다가 지친 경우 대개 노이로제 증상을 보인다.
노이로제가 되면 그전처럼 밤잠을 자지 않고 공부를 하지 않아도 된다는 것, 부모들이 자기를 극진히 위해 준다는 것에 맛을 들이게 되고 조금만 어려운 일이 닥쳐도 노이로제나 자폐증(自閉症)증세 속으로 피신을 하게 된다.
영어도 잘 못하는 학생이 갑자기 미국에 이민가서 치과대학에 들어가자 환경에 적응을 할 수 없게 되었다.
본래 미국에서 태어난 동생들은 언어에 대해서 아무런 부자유를 느끼지 않지만 20대 초까지 한국에서 자란 큰 아들은 도저히 학교 공부를 계속할 수가 없었다.
결국 심한 노이로제에 걸려서 한국으로 다시 돌아오게 되었다.
그는 한국으로 돌아온 지 얼마 뒤에 정상이 되었지만, 조금만 어려운 일만 생기면 또 다시 노이로제 증상을 나타내곤 했다.
노이로제는 어느 의미에서 자신감을 완전히 상실한 경우에도 생긴다. 싫어하는 공부를 부모가 지나치게 강요할 때, 그는 마음속으로 부모가 무서워지게 마련이다.

한번 노이로제가 되어서 자기만의 작은 세계 속에 틀어박히게 된 사람은 좀처럼 그 곳에서 빠져 나오려고 하지 않는다.

이런 경우, 누군가가 따뜻한 마음으로 대해 주고 자신감을 자꾸 북돋아 줌으로써 다른 사람들이 모두 두려운 존재라는 관념을 깨뜨려 줄때 환자는 노이로제에서 해방될 수 있다.

옴 진동수를 장기간 마시게 해서 체액의 진동이 우주의 진동과 같게 해주면 마음에 안정감이 생기게 된다. 자기의 현실을 똑바로 보게 되고, 선의(善意)를 믿게 되고, 잃었던 자신감을 되찾게 되면 노이로제는 좋아지게 마련이다.

그런데 여기서 잊어서는 안될 것은 많은 노이로제는 자신을 잃고 자살한 영혼이 빙의되어서 생기는 경우도 많다.

# 결핵은 왜 생기는가?

결핵은 영양을 잘 섭취하지 못하는 상태에서 지나치게 과로할 경우, 신장(콩팥)에 무리가 생겨서 신장에서 발생한 유독가스가 폐에 고이게 될때 생기는 병이다.

또한 정신적으로 항상 비관하여 슬픔을 가슴속에 간직할 때도 결핵은 발생한다.

'내 슬픔은 없앨 수 없다. 무슨 일을 해도 소용없다.'는 극도의 비관은 결핵을 앓게 만드는 것이다.

그러니까 누구 앞에서든 실컷 울어버려서 슬픔을 전부 개방시키고 자기 자신의 능력을 과소평가하는 생활 태도를 버릴 때 환자는 급속도로 좋아지게 마련이다.

마음을 편하게 갖게 되면 가장 잘 치유되는 것이 바로 결핵인 것이다.

옴 진동수를 열심히 마시고, 스피커를 이용하여 자가시술을 할 경우 3기 결핵 환자도 거의 예외 없이 3~4개월 이내에 완쾌되는 것을 수없이 보아 왔다.

내가 연구한 진동수 복용과 체질개선 시술이 가장 효력을 나타내는 것이 바로 결핵이 아닌가 생각한다.

## 기관지 천식은 왜 생기는가?

　기관지 천식은 나 자신이 30대에서 40대까지 10여년 동안에 걸쳐서 앓은 질병이다.
　이 병은 돈에 대한 집착, 뜻대로 일이 되지 않아서 답답한 심정이 지속될 때 생기는 병이 아닌가 한다.
　본인 자신이 숨이 막힌 것 같은 환경에 놓여 있다고 항상 생각할 때, 기관지 천식은 생기게 마련이고, 또 병원 치료로서는 완쾌되기 어려운 병이다.
　중년에 들어서서 연달아 사업에 실패하고 집안에 들어앉게 된 사람들에게서 많이 찾아볼 수 있는 병이기도 하다.
　그러니까 자기 환경에 만족하고, 남을 원망하는 마음을 버리고 명랑한 생활 태도를 갖게 되면 어느덧 기관지 천식은 증세가 가벼워지게 마련이다.
　가래가 완전히 빠지면 넓어졌던 기관지확장증이 치유되고, 그러면 자연히 천식 증상은 없어진다.
　물질에 대한 지나친 집착을 버리고 현실에 만족하여 마음을 편하게 가지면 쉽게 좋아질 수 있다.

## 감기에 자주 걸리게 되는 원인은 무엇인가?

감기하면 내가 거의 40년 동안 단골로 앓던 병이다.
1년 내내 거의 감기를 앓지 않는 날이 없었다. 나는 가난한 집안의 큰 아들로 태어났는데 선친은 중년 이후에 여러 번에 걸쳐 파산을 했고, 게다가 술을 굉장히 많이 드시는 분이었다.
'언제 아버지가 돌아가시게 될지도 모른다. 내가 이 집안을 꾸려나가게 되는게 아닌가?' 하는 근심에서 잠시도 헤어나지 못했던 것이 항상 감기를 앓게 된 원인이 아니었던가 생각된다.
무엇을 항상 두려워 하면 마음이 움츠려 들게 마련이고, 혈액순환도 나빠져서 감기 바이러스가 침범하기 쉬운 체질이 되어 버렸다.
심령과학자가 되어 나 자신의 삶에 대해서 보람을 느끼게 되고 자신있게 살게 된 뒤로는 1년 내내 감기를 앓는 일은 없어지게 되었다.
또한 부모가 항상 공포심을 갖고 살면 아이들도 감기에 잘 걸리게 되는게 아닌가 한다.
항상 은행에서 부도가 날까봐 두려워 하는 사업가도 늘 감기를 앓게 마련이다.

작은 사업체를 갖고 어려운 처지에 놓여 있어도 자신감을 갖고 노력하는 사업가는 건강하지만 큰 업체를 거느리고 있으면서 항상 무엇에 쫓기는 듯한 공포심을 못버리는 사업가는 감기에서 영원히 해방되지 못하는 예를 본 일이 있다.

자기의 앞날에 갑자기 불안과 공포심을 느끼게 되면 그는 그 순간부터 감기에 잘 걸리기 쉬운 체질로 변하게 마련이다.

감기는 누구나 앓기 쉬운 흔한 병이지만 요즘은 약으로도 잘 다스려지지 않는 병이다.

위장병과 감기가 만병의 근원이라는 말도 있다. 소위 심령과학자라는 나도 작년에 뜻하지 않게 고소를 당해 한동안 불안하게 지낸 일이 있는데, 그때 감기에 걸린 것이 그 사건이 원만히 해결될 때까지 영 완쾌하지 못한 경험을 갖고 있다.

신이 아닌 다음에야 내일의 운명을 자신있게 판단할 수 있는 사람은 아무도 없다고 생각한다.

기왕이면 명랑하게 기대감을 갖고 노력을 하면 감기하고는 인연이 없게 된다고 본다.

## 특별한 이유없이 임신 못하는 여자는 왜 그런가?

'아이를 낳지 못합니다' 하고 나를 찾아오는 여자들도 많다.
이러한 부인들 가운데에는 월경이 전혀 없는 이를테면 난자가 전혀 나오지 않는 부인이라든가, 정충이 죽어서 나오는 남편과 사는 경우가 있는데 이것은 대개 전생에서 큰 잘못을 저지른 결과이기 때문에 치유하기가 힘들다.
이런 사람들도 1년 이상 옴 진동수를 가족들이 전부 마시고 체질개선 시술을 받고 제령까지 했을 경우에는 아주 드물지만 아이를 갖는 예가 아주 없는 것은 아니다.
여기서는 보통의 몸을 가진 사람, 그러니까 임신할 수 있는 능력을 가졌음에도 불구하고 아이를 임신하지 못하는 사람에 한해서 이야기를 해볼까 한다.
불임일 경우, 여자 쪽에 결함이 있지 않나 생각이 된다.
그녀의 정신상태에 문제가 있다고 보아야 한다. 그것은 어떤 정신의 상태인가 하면 아이를 낳지 못할 때의 여성은 여자답지가 않고 부드러운 데가 없고 다정하지가 못하게 마련이다.
아이의 영혼을 받아들일 수 있는 따뜻한 마음이 없을 때, 태어나려는 아이의 영혼이 찾아들 까닭이 없지 않겠는가?

또 하나 이런 여성들이 생각하지 않으면 안되는 중요한 점은 남편을 세워주는 정신이 부족하다는 점이다.

남자의 성기는 발기하는 것이고, 벌떡 일어선 것을 자랑스럽게 여기는 법이다. 이와 반대로 여성의 성기에는 항상 습기가 있고 오목한 것이다.

따라서 그런 윤택한 상태에서 남편의 입장을 세워주는 정신을 부인이 갖게 되면 남성은 그 기능을 다하게 되는 법이다. 남편을 멸시하고 그 기능을 인정하지 않을 때, 남편은 자신을 잃게 되고 그 결과 아내와의 성생활이 부담스럽게 느껴지게 된다. 아이가 생기지 않는 것은 당연한 일이다.

남녀의 부부생활이 원만하게 이루어질 때, 두 사람은 건강해지고 또한 마음은 안정감을 갖게 된다. 이것은 생명 에너지의 균형이 이루어지기 때문이다.

음양(陰陽)이 완전히 조화를 이루고 있는 부부에게 아이는 태어나게 마련이다.

또한 크게 다툰 상태에서 성교를 한다든가, 벼락치는 날 밤같은 때는 부부생활은 삼가는게 좋다. 뇌성마비의 아이가 임신되기 쉽기 때문이다.

## 습관성 유산은 그 원인이 무엇인가?

여기서는 습관적인 유산을 말하기에 앞서서 병적인 입덧때문에 괴로워 하는 경우부터 살펴보기로 한다.

임신 4개월이 지났는데도 입덧이 점점 심해지며 밤에는 잠을 자지 못하고 구역질도 심해진다.

이런 병적으로 입덧이 심한 경우는 임신을 기피하고 싶다는 잠재의식에서 비롯된 것이라고 보아야 한다.

임신을 기피하고 싶다는 마음이 생기는 원인은 여러 가지가 있다.

우선 임신에 대한 공포심때문에 생기는 경우를 들수가 있다.

아기를 출산할 때의 고통이 굉장히 크다는 이야기를 자주 들어서 임신을 기피하는 마음을 갖게 되는 경우도 꽤 많다.

또한 남편과의 사이에서 아이를 두고 싶지 않다는 마음이 생길 때에도 입덧은 심해지게 마련이다.

한편 입으로는 아이를 갖고 싶다고 말하면서도 마음 속으로는 원하지 않을 때도 습관성 유산은 생기게 마련이다.

아이를 가진 것을 강하게 후회할 때 습관성 유산이 되게 마련인 것이다.

또한 첫번째 임신했던 아이를 억지로 유산을 시키게 되면 그 뒤로는 정작 아이를 갖고 싶어도 계속 유산을 하게 되는게 아닌가 싶다.

첫번째 아이를 유산시켰다는 죄악감이 자기는 아이를 가질 수 없는 여자라는 자책감을 낳게 되고, 그것이 습관성 유산의 원인이 되는 경우도 많다.

더우기 그 첫번째 유산한 아이가 남편의 아이가 아니었을 경우, 그런 일이 있었다는 사실을 남편이 전혀 모르고 있을 경우에도 습관성 유산은 이루어지게 된다.

남편과 성생활을 하면서도 항상 헤어진 애인을 그리워하고 남편이 헤어진 애인이라고 마음 속으로 생각하면서 성교할 때에도 임신되기 어려울 뿐 아니라 습관성 유산이 되기 쉽다고 본다.

아이를 갖는 것이 떳떳하지 못하다는 감정은 산모(産母)나 아이에게 모두 해롭기 마련이다.

태어나지 않기를 바라면서 임신한 아이를 마지못해 낳을 경우 의례이 그 아이에게는 결함이 생기게 마련이다. 뇌성마비 어린이가 그 좋은 예라고 할 수 있다.

임산부는 자기가 임신한 아기가 건강하게 태어나기를 바라고, 또 자랑스럽게 생각해야 할 것으로 본다.

# 갑상선기능항진증은 왜 생기는가?

갑상선기능항진증은 여성에게서 많이 찾아볼 수 있는 질병이다.
항상 긴장된 생활을 하고 마음 속에 울분을 축적시키고 있으면 갑상선기능항진증이 된다. 목이 커지고 눈알이 튀어 나오고, 몸은 바싹 여위게 된다.
인격적으로는 도저히 존경받을 수 없는 성격을 가진 사람들이 단지 시부모라는 이유로 복종과 존경을 강요할 때, 며느리는 마음 속으로는 상대편을 우습게 알면서도 겉으로는 울분을 나타내지 못한다. 그러면서도 가정을 원만하게 유지해 나가기 위해서는 항상 긴장된 생활을 해야만 한다.
항상 긴장을 하게 되면 간장에 부담이 가게 되고, 갑상선 호르몬의 분비가 많아지고, 정상보다 신진대사가 빨라진다. 이것이 갑상선 호르몬의 이상분비에서 오는 기능항진증이다.
남자에게서는 찾아보기 힘든 병이다. 번잡한 네거리에서 교통순경을 하는 사람이 갑상선기능항진증에 걸려서 나를 찾아온 경우가 있었다. 마음의 긴장을 풀고 할 말은 하고 사는 두둑한 배짱을 가질 때 이 병은 좋아지게 된다.

## 비만증은 왜 생기는가?

보통 의학적으로는 몸무게가 표준보다 10% 정도 더 나가는 경우를 비만증이라고 부른다.

표준 몸무게라는 것은 자기의 키를 센티로 잰 것에서 100을 빼고 이것을 0.9로 곱한 것이다. 키가 164센티의 사람이면 여기서 100을 뺀 64에 0.9를 곱하면 57.6이 되는데 이것이 표준 몸무게가 된다. 그런데 57.6에다가 10%을 보태면 63.3이 된다. 따라서 63.3kg이상이 되면 비만체에 들어간다.

그러나 이런 수치로 나타낸 체중을 보고 비만증인가 아닌가를 따지는 것은 별로 의미가 없다.

문제는 뚱뚱해지므로 몸이 거북해진다든가 정신적으로 괴로운 사람이 비만증 환자라고 볼 수 있는 종류에 속하지 않나 생각한다.

비만증은 한마디로 말해서 욕구불만에 사로잡혀 있거나 애정에 굶주려 있는 사람들, 내지는 자기를 과장해서 보이고 싶어하는 허세를 가진 근본적으로는 열등감때문에 괴로워하는 사람들에게서 찾아 볼 수 있는 증세이다. 마음이 무엇으로나 굶주리게 되면 육체적으로는 허기진 증세가 나타난다.

비만증인 사람일수록 언제든지 식사나 간식을 많이 하고 반대로 운동하는 것은 싫어하게 마련이다. 현실에 대해서 불만이 많고 마음이 토라진 상태이기 때문에 분주히 움직이는 것을 싫어하게 되는 것이다.

　남자보다는 여자에게서 많이 찾아볼 수 있는 증세이고, 특히 중년 이상의 부인에게서 많이 찾아볼 수 있는 현상이다.

　남편은 사업에 바빠서 부인에게 등한시 하고, 아이들은 모두 자라서 자기 생활에 바쁜 가정 주부는 마음이 허전해지고, 그 결과 비만증에 걸리게 되는 것이라고 할 수 있다.

　또한 어린이 비만증을 보면 중산층 사람들에게서 많이 찾아 볼 수가 있다.

## 야뇨증(夜尿症)은 왜 생기는가?

아이들은 누구나 어려서는 밤에 오줌을 싸게 마련이다. 그런데 초등학교 상급반, 또는 중학생이나 고등학생이 밤마다 오줌을 싸게 되면 이것은 야뇨증이라고 해서 병으로 간주한다.

나도 체질개선과 성격개선을 통해서 이런 야뇨증때문에 고통받고 있는 환자들을 여러 명 치유시킨 적이 있다.

첫째 야뇨증은 계집아이 보다는 사내아이에게서 많이 찾아볼 수 있고, 어머니가 늘 아파서 아들에게 아주 등한시 한 경우, 완고한 야뇨증을 앓는 예를 볼 수가 있었다.

어린아이였을 때는 어머니가 관심을 가져 주었기에 어머니의 관심을 자기에게 돌리기 위한 무의식적인 행동이었음이 밝혀졌고, 또한 이 아이는 항상 외로웠고 쓸쓸해서 슬픔을 마음 속에 간직하고 있다가 밤에 잘때 긴장이 해소되면 눈물로 변형된 형태인 오줌을 싼다는 것이 밝혀지게 되었다.

"네가 자꾸 오줌을 싸면 오히려 어머니는 너를 사랑하지 않게 된다. 갓난 아이로 돌아갈 수는 없는 일이고 또 돌아가려고 해서도 안된다."

고 타이름으로써 좋아진 예가 있다.

야뇨증은 정신적인 공허감에서 생긴 질병이다. 또한 이 야뇨증 역시 진동수를 장기간 복용시킴으로써 마음에 안정감이 생기니까 어느덧 없어진 예도 있다.

고등학교에 다니는 몸집은 어른이 다 된 여고생이 야뇨증때문에 나를 찾아온 일이 있었다.

딸만 있던 집안에 아들이 태어나자 부모들의 관심은 모두 아들에게만 쏠리게 되었다. 그 여학생은 어려서부터 항상 외로웠고 쓸쓸했다.

위의 두 딸은 명랑하고 대범한 성격이었지만 이 셋째딸 만큼은 유난히 신경이 예민한 아이였다.

야뇨증은 밤에 마음 속에 축적되었던 외로운 감정과 슬픔이 방출될 때 생기는 증상임이 이 경우에도 증명되었다.

진동수 장기복용으로 체질이 개선되고 명랑한 성격이 되자 야뇨증은 없어지고 말았다.

야뇨증이 있다고 해서 부모가 구박을 하는 것은 증세를 더 악화시키게 마련이다.

아이가 열등의식이 강해지고 부모에 대해서 반항심을 갖게 되기 때문이다.

## 위장병은 왜 생기는가?

위는 예민하게 노여움을 반영시키고 마음의 고통을 반사한다.
위장병은 그래서 흔히 직업병이라는 말도 있다. 이를테면 택시기사라든가, 단골 손님의 자택을 자주 방문해야 하는 외판원, 영업사원 등에게서 많이 볼 수 있는 질병이다.
항상 마음이 초조하고 남에게 신경을 쓰고, 또 불안을 말해 보았자 소용이 없는 일이기 때문에 비위가 틀리는 것도 꾹 참고 있는, 그런 직업에 종사할 때 위장 장해는 생기게 마련이다.
또한 자기는 가족들에게 사랑을 받고 있지 못하다고 느끼는 사람들은 항상 마음이 굶주려 있기 때문에 육체적으로도 배고픈 상태가 되고, 그 결과 위산과다가 되기 쉽다.
항상 노력하는 것만큼 보답받지 못하고 있다고 현실에 불만을 느끼는 사람들도 위장 장해를 일으키게 마련이다.
대범하게 인생을 살아가고 자기에게 불리한 생각은 되도록 하지 말고 불만이 있더라도 쏟아놓고 잊어버리면 위장병은 어느덧 좋아지게 마련이다.

## 신경통은 왜 생기는가?

　신경통이나 류머티즘을 앓게 되는 근원은 슬픔때문이다. 슬픈 사람, 더욱이 그 슬픔을 솔직하게 털어 놓을 수 없었던 사람들에게서 많이 발생하는 병이다.
　슬픈 상태에 놓인 사람은 울고, 눈물을 흘려 버리면 어느 정도는 마음이 후련해지겠지만 울지 못하는 성질의 사람, 울수 없는 입장에 놓여 있는 사람은 그 슬픔이 고이고 고여서 질병의 원인이 되는 것이다.
　슬픔을 발산하지 못하면 피는 산성이 되게 마련이다. 남에게 배신만 당한 사람들을 보면 거의 예외없이 신경통이나 류머티즘을 앓고 있다.
　그래서 중년이 넘은 부인에게서 많이 찾아볼 수 있는게 신경통이고, 또한 사업에 실패해서 쓸쓸하게 노년을 보내고 있는 전직 사업가에게서도 신경통을 많이 찾아볼 수 있다.
　옴 진동수를 열심히 마셔서 피가 정화되면 대개의 신경통은 완쾌된다.
　또한 슬픔을 마음에 간직하지 않도록 노력하는게 좋다.

## 소아마비는 왜 생기는가?

　선천성 소아마비의 경우를 보면, 어린아이의 부모에게 반드시 문제가 있게 마련이다.
　남편이 여성적인데 비하여 부인의 성질이 아주 사나워서 일주일이 멀다하고 무섭게 싸우는 부부, 남편을 전혀 존경하지 않는 아내, 이런 사이에서 태어난 아이중 선천성 소아마비가 많은 것을 볼 수 있다.
　특히 임신한 부인이 자주 남편과 싸운다는 것은 소아마비 뿐만 아니라 뇌성마비 어린이를 낳기 쉬운 요인이 된다.
　부부 사이의 일그러진 상태, 남편을 집안의 기둥으로 세워 주지 않는 부인의 마음이 이런 아이로서 나타나는 것이 아닌가 한다.
　그렇기 때문에 부부가 마음으로 굳게 뭉쳐서 서로 아끼고 아이를 고치기 위해 온 가족이 열심히 1년 이상 진동수를 마시니까 기적적으로 회복된 예가 있다.
　질서없는 부부관계를 바로잡고 사랑을 키워 가면 부부 사이는 어느덧 정상이 되고, 따라서 아이의 상태도 점차 좋아지게 되는 것이라고 할 수 있다.

# 요통은 왜 생기는가?

　요통은 한마디로 말해서 남녀의 부정한 성관계에서 비롯되는 것이다.
　사랑해서는 안될 유부남을 사랑한다든가, 또는 그 반대의 경우에도 요통은 생기게 마련이다.
　허리는 성생활에서 중요한 구실을 하기 때문에 부정한 성생활을 할때 허리에 무리가 오게 마련이다.
　또한 정식으로 맺어진 부부 사이에서도 부정한 관계는 있을 수 있다. 남편 이외에 마음 속으로 그리워하는 사람이 있어서 그 사람을 생각하면서 남편과 성행위를 하는 경우—이것도 부정한 성행위라고 할 수 있다.
　또한 마음속으로는 남편을 싫어하면서 육체만 서로 맺어지는 경우 이것도 부정한 성행위라고 할 수 있다.
　자기는 전혀 원하지 않는데 남편이 원하니까 마지못해 성행위를 할 경우 부인은 불감증이 생길뿐만 아니라 심한 요통을 앓게 된다.
　그러면 남편과의 성생활이 점점 더 무거운 부담으로 느껴지게 되고 요통은 전혀 치료되지 않게 마련이다.

# 콧병은 왜 생기는가?

 콧병이 생기는 정신적인 원인은 거역하는 마음, 곧 반항심이다. 내 경우를 보아도 어려서 아버지에 대해서 몹시 반항심을 가졌었는데 줄곧 완고한 콧병을 앓아 왔고 아버지와의 사이가 원만해지면서 그처럼 오랫동안 앓아오던 콧병이 별다른 치료를 받지 않은 상태에서 어느덧 완쾌되었다.
 코는 얼굴의 중심을 차지하고 있을 뿐만 아니라 또한 제일 높은 곳이기도 하다.
 또한 코는 태어난 뒤 죽을 때까지 잠시도 쉬지 않고 활동을 한다.
 잠자는 동안에도 코는 숨을 쉰다. 숨이 끊어지는 순간, 사람은 죽게 마련이다. 어느 목사님이 마음 속에서 자기의 불우한 처지에 대해서 항상 하나님께 불만을 갖고 있었는데, 그는 완고한 축농증 환자였고, 하루 아침에 깨닫고 하나님께 감사하는 마음을 갖게 된 순간, 고질적이던 축농증에서 해방된 일이 있다.
 콧병때문에 고민하는 사람은 윗사람에게 거역하는 마음 자세를 고치면 그것만으로도 좋아진 예가 많다.

## 눈병은 왜 생기는가?

근시(近視)는 왜 생기는가 하는 것부터 우선 알아 보자.
집안 환경이 점점 어려워지고 부모가 서로 다투는 일이 많아지면 예민한 마음을 가진 자녀들은 현실을 외면하려는 마음이 생긴다. 이때 생기는 게 바로 근시가 아닌가 한다.
내 경우를 보더라도 어려서 부모가 몹시 사이가 나빴고 거의 매일같이 다투지 않는 날이 없었다.
또한 자기 자신이 이 집안에서 필요없는 존재라는 사실을 자주 느끼게 되자, 그때까지 좋았던 눈이 갑자기 근시가 되어 평생 안경을 쓰는 신세가 되었고, 아들 역시 출판사가 파산하고 아주 말못하게 어려운 환경에 놓이게 되자 갑자기 좋던 눈이 근시가 된 것이었다.
대학교 입학시험을 치루던 해에도 밤낮없이 손님들이 밀려오는 바람에 집안이 공부할 수 있는 환경과는 아주 먼 상태였다.
한편 먼 곳, 먼 앞날을 생각지 못하고 너무 소견이 좁을 때도 근시가 되는 게 아닌가 싶다.

(3권 · 끝)

**편저자 약력**

서울에서 출생하여 서울대 문리대 국문과를 졸업. 1951년 경향신문 신춘문예에 「聖火」가 당선되어 문단에 데뷔. 그후 일본에 진출하여 「심령치료」「심령진단」「심령문답」등을 저술하여 일본의 심령과학 전문 출판사인 대륙서방에서 간행하여 큰 호응을 얻었으며, 다년간 심령학을 연구함. 그후 「업」「업장소멸」, 「영혼과 전생이야기」「인과응보」「초능력과 영능력개발법」「최후의 해탈자」「사후의 세계」「심령의 세계」등 심령과학시리즈 20여종 저술(서음미디어 간행)

개정판 발행 : 2012년 1월 20일
발행처 : 서음미디어
등 록 : No 7-0851호
서울시 동대문구 신설동 94-60
Tel (02) 2253-5292
Fax (02) 2253-5295

편저자 | 안 동 민
기획/편집 | 이 광 희
발행인 | 이 관 희
본문편집 | 은종기획
표지 일러스트
Juya printing & Design

ISBN 978-89-91896-88-8
홈페이지 www.seoeumbook.com

*이 책은 저작권법에 의해 보호를 받는 저작물이므로 무단 전제나 복제를 금합니다.
ⓒ seoeum

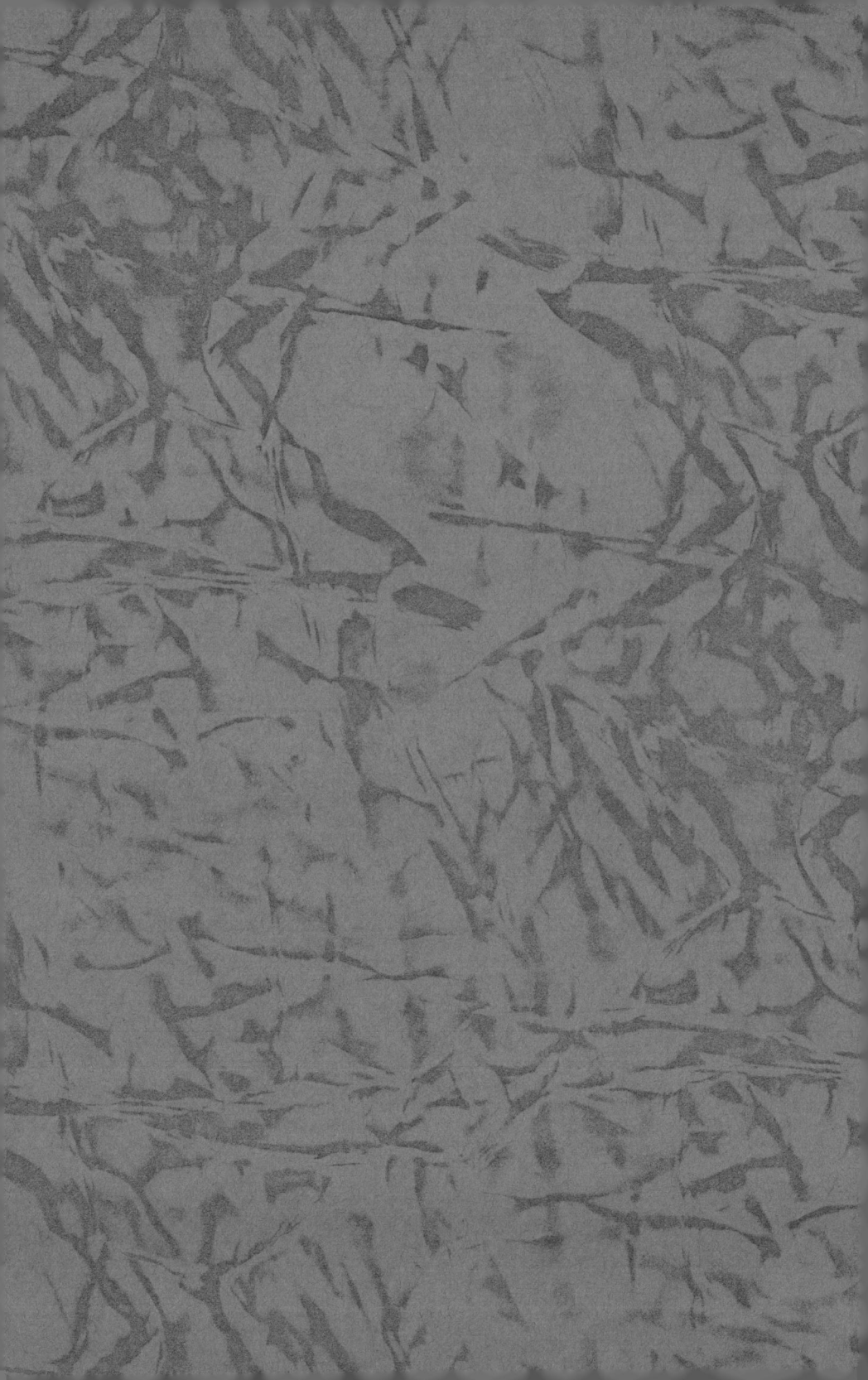

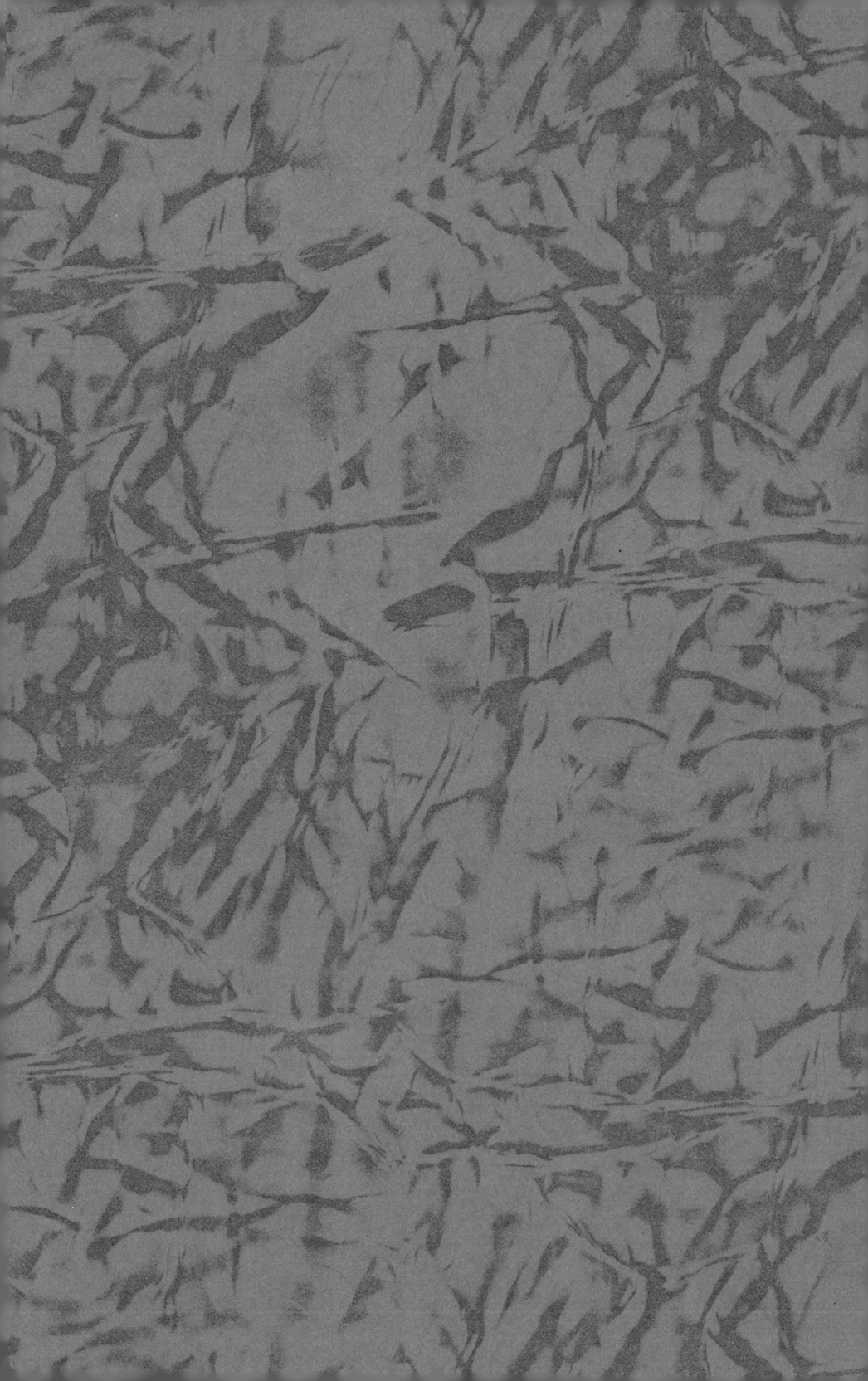